SHODENSHA
SHINSHO

大学の常識は、世間の非常識

塚崎公義

祥伝社新書

はじめに――大学は変なところ⁉

「大学って、どんなところだろう」という興味を持っている人は少なくないでしょう。しかし、大学がどんなところかを記した本は意外に見当たりません。

それは、書ける人が限られているからです。ずっと日本に住んでいた人に「日本ってどんな国ですか?」と聞いても、答えるのは難しいでしょう。外国に住んだことがある人ならば、外国と比較した日本の特徴を述べることができます。同様に、大学だけしか知らない人は学外と比較することができず、良いところ・悪いところが見えないのです。

筆者の職業人生は〝三毛作〟です。一般企業（日本興行銀行、現みずほ銀行）で企業人として過ごしたあと、大学（久留米大学）の教員となりました。両方を知っている人は珍しいでしょうから、大学がどんなところかを紹介できる〝特権〟を活《い》かすべく、本書を上梓することにしました。ちなみに2022年3月に定年退職し、4月からは3つめの「自営業（経済評論家）」となっていますので、原稿や講演等のご依頼をお待ちしております（笑）。

筆者にとって、大学で過ごした期間は大変すばらしいものでした。天国のような職場だと思っていました。それは、大学教授が企業人よりもはるかに恵まれているからですが、もう1つは偶然に筆者の所属した大学が筆者のような「異文化」を疎外せずに、むしろ筆者を大切にしてくださったことによるものです。

したがって、元同僚の悪口を書く気はまったくありません。恩を仇《あだ》で返すような真似は絶対にしたくないからです。「大学の常識と世間の常識は異なっている」ことは書きますが、どちらが優れているか、といった価値観を含むものではありません。

企業人が本書を読めば、「大学って変なところだ」という否定的な印象を受けるかもしれません。企業人の評価軸で見れば、自分の世界と常識が異なる世界を評価するのですから、当然のことです。それは、日本人が外国について書かれた本を読んだ時と同じことだと思います。

日本人のなかには、外国人について「家のなかでも靴を履いている不衛生な人々」という印象を持っている人もいるかもしれません。しかし、それはあくまでも習慣が「違う」ということであって、「優劣」の問題ではありません。

日本で生まれ育った企業人が海外に赴任した時に抱《いだ》く違和感をそのまま書き記したものは、日本人が外国について理解する際の助けになるはずです。筆者は、未だに大学というところに多くの違和感を持っていますので、その違和感を率直に書き記したいと思います。それによって、大学というものについて理解してくだされば幸いです。

もちろん、大学教授になりたいと考えている人々には、ぜひお読みいただきたいと思います。自分の目指す職場がどういうところかを知らないと、入ってから面食らうこともありますし、それ以前に採用担当者の価値観を知っておくことが就職には絶対的に有利だからです。また、大学一筋で教授になった人々にも、お勧《すす》めです。学外の人たちが大学を見てどう感じるのか、知っておいて悪いことはないでしょう。

本書は、筆者の限られた経験にもとづいて記されているので、不正確な点や筆者の思い込み、勘違いも少なくないと思います。それでもなお、全体像を摑《つか》んでいただくことが重要だと考えています。幅広い方面からのご批判を頂戴することは覚悟しておりますが、あくまで筆者の見解であり、筆者の所属した大学への批判はご遠慮ください。

それから本書には、筆者が研究者の文化を理解せず、銀行員時代の価値観で突き進んで跳《は》ね返された経験も出てきます。しかし、それも大学というところを理解するために必要なプロセスだったと思えば、回り道にもまた意義があったと考えている次第です。

ちなみに、筆者は理系の事情には詳しくありませんので、本書は文系の大学に関するものとなっています。


本書の構成は、第1章で大学教授の価値観について筆者の思うところを記します。人間の価値は論文の数と質で決まる、役に立つか否《いな》かは研究の価値とはほとんど無関係である、といった内容です。

第2章では、大学の存在意義について思うところを記します。大学に対して、誰が何を期待しているのか。研究所としての役割はともかく、学生も保護者も企業も大学教育に期待していないとしたら、大学の存在意義は何か、という問題意識です。

第3章では、大学教授の日常生活について記します。上司がいない、ノルマがない、時間が自由である、けれどもまじめな人が多いので真剣に研究していてけっこう忙しい、というイメージですね。

第4章では、大学教授になる方法について記します。王道は大学卒業後に大学院に通って博士号を取得することですが、それはリスクもコストも大きいので、それ以外の道についても記しています。

第5章は、筆者の大学改革案です。大学教授を研究者と教育者に分け、研究者は全国に数カ所設ける研究所の所属とし、大学は純粋な教育機関として企業人養成に専念するというものです。

第6章では、大学生はなぜ勉強しないのか、どうすれば勉強するようになるのか、について筆者の考察を示しました。企業が大学教育に期待していないから大学生は勉強しないということなら、企業が大学1年生に内定を出し、勉強するように指導すればよいのです。少なくとも学生の語学力は上がるでしょうし、大学は企業に選ばれるようにがんばるかもしれません。

第7章では、筆者が教えていた経済学を例に取り、経済学自体は役に立たないけれども、経済学を学ぶことで物事を論理的に考える訓練になるので、経済学を学ぶことには意義がある、ということを記しました。教授が経済学の結論ではなく考え方を教えるならば、という難しい条件はありますが（笑）。

第8章では、筆者が大学で従事していた業務について、筆者が何を考えていたのかを記しました。研究はあまりせずに教科書執筆等に勤《いそ》しみ、学内行政としては就職指導に注力しました。それがもっとも久留米大学の発展に資すると思ってやりがいを感じたからです。

その他、「付録」として新人教員へのアドバイス、筆者が講義で工夫したこと、経済学入門の講義の一部などを紹介していますので、併せてご笑覧いただければ幸いです。

塚崎公義

2022年5月30日

目次

第4章 大学教授になるには

第5章　大学改革・私案

第6章　大学生を勉強させる方法

第7章 経済学は本当に役に立たないか

第8章 塚崎教授の〝異色な〟活動

付録

本文デザイン……盛川和洋
DTP…………キャップス

第1章

大学教授の〝変な〟価値観

人間の価値は論文で決まる

大学教授の価値観を一言で表すと、「人間の価値は論文で決まる」ということになります。もちろん、論文には格があり、「査読《さどく》論文」が高い評価を得られます。査読論文とは、「査読という審査を行なって優れた論文のみを掲載する論文集」に掲載された論文のことです。ちなみに「博士論文」は査読論文とは別の重要性を持ちますが、これについては後述します。

たとえば、自然科学分野で大発見があると「ネイチャー」という雑誌に掲載されます。同誌に論文が載った研究者は文句なく一流と言えるため、世界中の研究者が掲載を望みます。同誌を筆頭に、さまざまな査読論文集があり、それらに掲載されることで、研究者の「価値」は上がっていきます。もちろん文系の研究者にも、それぞれの分野でさまざまな格の査読論文集があります。

筆者が銀行員時代、知り合いの大学教授に「私も大学教授になりたいのですが、何をすればよいでしょう?」と聞くと、必ず言われたのが「査読論文を書きなさい」でした。それは当然ですね。大学教授の採用を決めるのは教授会であり、彼らが「人間の価値は査読論文の数と質で決まる」と考えているわけですから。

　筆者が「先生の最近のご研究はどのようなものですか？」と聞くと、「このような査読論文を書いた」と自慢げに見せてくれました。「すばらしいですね。ところで、これを講義で学生に理解させるのは大変ではありませんか？」と聞くと、多くの場合「学生に理解できるはずがない」という答えが返ってきます。

「それなら、先生は研究者としては優秀ですが、大学教授としては教えるのが得意な私のほうが相応《ふさわ》しいですね」と言いたいのをぐっと堪《こら》えて退席するのが常でした。

　大学教授の仕事は主に「研究」「教育」「学内行政」ですが、彼らの評価軸はほとんど研究業績だけなのです。教授の募集要項では、研究業績を記す欄が大きく、教育や学内行政について記す欄は小さくなっています。

　まあ、未経験者の場合、応募書類に「私はこんな教育とこんな学内行政をやりました」と書くことは不可能ですから、仕方ないのかもしれませんが、准教授が教授に昇格する際の学内審査においてさえ、教授会に提出される会議資料には研究業績のウエイトが圧倒的です。准教授の昇格審査なのですから、教育や学内行政についてもいくらでも記載できるのに、です。

筆者が大いに違和感を覚えることの1つは、大学で「ドイツ語入門」など語学の基礎を教えているのが教授だということです。中世ドイツ文学について研究して博士論文や査読論文を書いたような人がＡＢＣ《アーベーツェー》を教えているわけです。それよりも、語学学校の先生のほうが絶対に教え方はうまいでしょう。

すでに教授になっている研究者の既得権を守るため、ということであれば理解できますが、そうではありません。実際、「ドイツ語入門」の非常勤講師を選ぶ際に、筆者は「ＡＢＣの発音を教えるだけだから、語学学校の先生に来ていただければよい」と提案したのですが、「博士号を持つ人が好ましい」として、中世ドイツ文学史の専門家が選ばれました。

このように、ドイツ語入門の非常勤講師でさえ、博士号があることが望ましいとされるのです。博士号や査読論文のない人は、人間としての価値が低いから、語学学校の教師であってもそんな人に学生の指導は任せられない、ということなのかもしれません。

思い起こせば筆者の大学時代、第二外国語を教わった先生は教授でした。もしかしたら、中世フランス文学研究の世界的権威だったかもしれないわけですね（笑）。

優れた論文とは

優れた論文とは、「誰も試《こころ》みたことのないことを試みた結果、何かが証明できた」というものです。そこには、「役に立つ」という評価軸は（ほとんど）ありません。

「研究者に向かって『あなたの研究は何の役に立つのか』と聞いてはいけません」。

これは、私が大学教授を志した時に偉い先生に言われた言葉です。確かに、多くの「一流の研究」を見ましたが、役に立ちそうなものも、そうでないものもありました。ただ、いずれも「真理の探究」という、研究者の好奇心を満たすものであることは推察されました。要するに、研究者たちの価値観では、真理に一歩でも近づくことが尊《とうと》いわけです。

一時期、「大学は役に立つことを教えるべきで、人文系の学部は廃止すべきだ」といった議論が盛り上がりました。その際、「人文系の学問を学ぶと人間性が養《やしな》われるので、学生の人生にとって役に立つ」等々の反論がなされました。

この議論は、「大学は学生の役に立つことを教えるべきである」という共通の認識に立ったうえで、「何が学生の人生の役に立つのか」が議論されていたわけです。これは教育に関する議論だからであり、研究に関しては「人文系の学問が役に立つから研究する」といった評価軸がそもそも（ほとんど）存在していません。

では、「役に立つ」とは何か。この議論を始めると、さまざまな論点が噴出しそうですが、そもそも大学には役に立とうという発想が乏《とぼ》しい人も多く、そうした議論自体がほとんど行なわれません。ちなみに、「役に立つ」という概念は人の価値観に影響されますので、要注意です。

たとえば、灼熱の砂漠で新種の恐竜の骨を探し続けて掘り当てた人は「立派な研究者で、その論文は価値がある」ということになります。筆者は恐竜に興味がないので、そうした研究はあまり役に立たないと考えていますが、恐竜が好きな人にとっては胸が躍《おど》ることかもしれません。まあ、恐竜図鑑の売り上げが伸びたり、博物館への入場者が増えたりすれば、日本のＧＤＰに貢献する可能性があるかもしれず、そうであれば筆者の価値観からも役に立つということになりますが……。

さて、「誰も試みたことのないことを試みた結果、何かが証明できた」と言うと、大変困難なことのように思われますが、そうでもありません。「アメリカの１９９０年代のデータを用いて分析したら、こういう結論を得た」という論文を見かけたら、「日本の1990年代と2000年代のデータで同じことを行なったら結論が違った（同じだった）」という論文で、十分価値があるのです。人類の叡智に新たな1ページを加える論文だからです。最初の論文に比べれば、価値は小さいですが。

問題は「誰でもできそうなことは誰かが先にやってしまう」ことです。そこで、「論文は、知恵がないなら汗で書け」と言われるように、膨大なデータ入力を要するような研究をするわけです。これなら、他人が真似する確率は低いですから。

論文集と一般書の違い

筆者は銀行員時代、調査部に所属して数多くの経済予測を発表し、銀行関係者にはそれなりの評価をいただきました。また、著書も数多く上梓しました。増刷など、それなりの売れ行きがありましたから、購入してくれた方々にもある程度の評価はしていただけたと思います。

しかし研究者の間では、拙著の評価は「ほとんど0点」です。大学の「研究業績一覧」

には、「著書」「査読論文」「論文」「その他」がありますが、拙著は「著書」ではなく「その他」の欄に記入させられます。同僚たちは「先生は研究者としての業績は少ないですが、教育者として優れていますから、大学には必要な方です」と言ってくれましたが……。

己《おのれ》の恥をさらすことになりますが、筆者自身の失敗談を記しておきましょう。筆者は「数ある大学のなかには、過去の著書などを評価して採用してくれるところがあるに違いない」と考え、多くの大学に願書を送りましたが、まったくの無駄でした。

「郷に入《い》っては郷に従え」という諺《ことわざ》を知らないわけではありませんでしたが、格好をつけて言えば「美学を追求してみた」ということですし、内心では「誰か理解してくれるに違いない」という甘い期待があったわけですが、結果的には単なるドン・キホーテに終わりました。

銀行から大学に移り、教授たちの会話を聞いているうちに、いかに無駄なことをしていたのか思い知ったわけです。大学教授を目指している企業人の方々は同じ失敗をしないよう留意してください。

論文であるためには、まず必要条件として、論文としての文体などを整える必要があります。筆者は何度か査読論文に挑戦したことがありますが、初回は銀行在籍中でしたから、自分の書く文章にはある程度の自信があり、銀行のレポートを書く感覚で論文を仕上げて投稿しました。

その内容は、合理的バブルの存続条件に関する理論的な考察で、査読者の方も内容には満足してくださったようです。しかし、査読者から頂戴したレターには、「内容的には興味深いが、そもそも論文としての基本的な文体を学び、最低限○○と○○等の先行論文を読んでから、再度投稿されたい」とありました。

指定された論文は読みましたが、あまり拙稿の役に立ちそうになかったので、無視しました。文体についても妥協したくないと思っていたので、査読論文とするのはあきらめて、大学に移ってから「紀要《きよう》（大学の論文集。査読が行なわれず、大学所属の研究者が自由に寄稿することができる）」に寄稿しました。

後日、知り合いの研究者に査読者からのレターを見せたところ、「それはもったいないことをした。あとすこしで査読論文になったのに」と言われました。査読者がそうしたレターを下さることは、内容（論理展開）については、比較的高い評価をしたということなのだそうです。

その時は後悔しましたが、しばらくすると、それで良かったのだと思うようになりました。というのも、論理展開が評価されてから査読が通るまでに長い道のりがあることがわかったからです。具体的には、関係のありそうな先行研究（すでに発表されている論文）をすべて読み、それらを引用したうえで、自分の論文が「誰も到達できていないところに到達した」ものであることを証明しなければならないからです。

これには大変な努力が必要です。筆者は、留学時代に学んだファイナンスの知識と、たまたま読んだバブルに関する本の内容を組み合わせたところ、あるアイデアが閃《ひらめ》いたので、論文にまとめただけであり、それらの分野について詳しく研究したことはありません。また、その分野を一生の研究テーマにする予定もありません。したがって、とうてい「その分野で発表されている論文をすべて読む」ことなどできなかったわけです。

大事なことは、「その分野で発表されている論文の内容を把握する」だけではダメで、実際に読まないといけない、ということです。

直近に発表された論文を読むと、どのような先行研究があるのか書いてありますから、論文を1つだけ読めば先行研究の全貌がわかるのですが、それではダメで、実際に自分も読んで確かめないといけません。そして、確かめたことを示すために、膨大な注と参考文献リストを作成する必要があります。それは直近の論文を書いた人が引用する際にミスをしているかもしれないからということのようですが、銀行調査部出身者の感覚としてはとても非効率に感じました。

論文の文体についてもさまざまな慣習があり、それに従う必要があります。「内容が優れているなら文体など気にすることはない」というものではありません。まるで、茶道の作法です。茶をおいしくいただく（論文に内容がある）ことはもちろん、それ以前に作法ができていないと茶人《ちゃじん》（研究論文）とは呼ばれないわけです。論文の作法を守らない執筆者は、茶道の先生にお茶会に招かれて、自分流にお茶を飲んだ客のように扱われるのです。

論文の文体についての慣習には「盗用を疑われないように」などの理由があるようですが、盗用に関する判断基準の厳密さも、民間の著作権に関する感覚と異なり、研究論文の

「盗用」の基準を厳格に適用したら、市販の書物はすべて盗用になってしまうほどです。

博士号がなくては話にならない!?

研究者の間で人間を評価する際、博士号の有無が重要な役割を果たします。研究者になってからの論文のほうが質も高いですから、学生時代の論文などを気にするのはいかがかと思いますが、なぜか重視されます。

博士課程入学の難易度も、博士論文の合格する難易度も、大学によって大きく異なるのですが、それはそれとして、とにかく博士号を持っているか否かで大学教員採用の際などに「足切り」されることも多いです。

まあ、一般社会でも、学歴が大卒か否かは就職や転職などの際に決定的に重要ですから、似たようなものかもしれませんが。

ただ、大卒資格と異なるのは、大学は楽しいところだけれども、博士課程は苦しいところだという点です。博士課程は研究のノルマが厳しい大学も多く、同期生が働いて稼いでいる間に授業料を払っているわけですから金銭的にも楽ではありません。このような経験を共有しているため、「同じ釜の飯を食った仲間」的な親近感を持つのかもしれません。

文系の博士号は昭和時代、かなり難しかったようです。そのため、「博士課程単位取得満期退学」という人が大勢います。これは、博士課程に通って単位も取得したが、博士論文の審査に通らなかった人です。もっとも、昭和時代には博士号を取得した人が稀《まれ》だったので、満期退学者も博士号保持者に準じる扱いを受けていたようです。

平成になった頃から、各大学が博士論文の審査を甘くして、比較的大勢の博士が誕生するようになりました。おそらく、博士課程の定員が大幅に増加し、大学が受験生獲得のために競争を始めたのでしょう。その結果、毎年、大勢の博士が誕生することとなりました。そして、若い人が博士号を持たずに大学教員になるのはかなり難しくなってきています。博士論文については、第４章で詳述します。

理論は常識に勝る

ガリレオ・ガリレイ（１５６４〜１６４２年）が世の中の常識を覆《くつがえ》して「それでも地球は回っている」と言い通したことで、人類の科学は進歩しました。したがって、常識より理論を優先することが悪いとは思いません。しかし、筆者が強く違和感を覚えたことも少なくありません。2つだけ例を挙げておきましょう。

「バブル期の銀行が無謀な不動産貸出を行なったのは、銀行が傾《かたむ》いても政府が助けてくれると思って安心していたからだ」。これは、研究者の間で定説になっています。理論的には、そうしたこともあり得たでしょうから、彼らがそう考えるのは仕方のないことなのかもしれません。

しかし当時、銀行員であった筆者には、その定説が絶対に誤りであるという強い自信があります。なぜなら、「もしかしたら銀行が傾くかもしれない」などということを頭の片隅ででも考えていた銀行員は皆無だったからです。

研究者たちに「私はバブル期に銀行にいたのだからまちがいない」と言っても、相手にしてもらえませんでした。証拠がないと信じてもらえないことはもちろん、議論もしてもらえないのです。

そこで、当時の銀行員たちにアンケートを取りました。「バブル当時、銀行が傾いても政府が助けてくれると思ったから無謀な貸出をしたのですか?」という趣旨の質問に対し、「そんなことはない」という回答が多くを占めました。

ちなみに、この質問項目をアンケートに加えるに際し、「なぜそんなことを聞くのか」と疑問に思われないよう、趣旨を理解してもらうための説明を書いたのですが、元同僚に「お前は変な世界に棲んでいるな」と言われそうで恥ずかしかったです。

残念ながら、アンケート結果をまとめた論文は査読を通りませんでした。査読を通っていない論文にアンケート結果が掲載されていても、それを読んで「通説は誤り」と思ってくれる研究者はほとんどおらず、筆者の努力は実を結びませんでした。

もう1つの例は、国際経済学の教科書に「自国通貨高になると（日本の場合は円高）、貿易収支が悪化して外国から借金をする必要が出てくる。そのためには金利が高くならなければならない。つまり、自国通貨高になると金利は上がる」と書いてあることです。

アメリカ人がこれを読んでも、特に違和感はないでしょう。しかし、ある程度の年齢以上の日本の金融関係者が読むと、強い違和感を覚えるはずです。なぜなら、円高になると輸入物価が下がり、インフレ懸念《けねん》が遠のくため、日本銀行（日銀）が金融を緩和し、金利が下がるからです。最近は円高でも円安でもゼロ金利であり、若い人は経験がないかもしれませんが、かつて金利は為替レートの影響を強く受けていました。

つまり、「自国通貨高になると輸入物価が下がる」現象は、基軸通貨国であるアメリカでは起きなくても、日本では起きる。それなのに、アメリカで経済学を学んだ日本の研究者が、理論をそのまま国際経済学の教科書に載せているから、変なことになるのです。経済学は理論モデルであり、日本の教科書には日本の状況に応じた理論モデルを載せるべきですが、誰もその努力をしないのです。

筆者が過去のデータを用いて「日本では、円高になると金利が下がるというのが過去の実績である」という論文を書けばよいのですが、そのためには膨大な先行研究を読みこなさなければならず、たとえ論文を書いても査読に通らなければ誰も読んでくれないでしょう。期待値としてのコスト・パフォーマンスが悪いので、書いていません。

理論のみならず、実証研究も盛んに行なわれていますが、ここでも「証明できること」が重要です。過去のデータを使って回帰分析などを行なう場合が多いのですが、これは「バックミラーを見ながら運転するようなもの」で、危険です。経済の構造が変化しているかもしれませんし、特殊要因から異常値が入っているかもしれません。しかし、恣意的に調整することは好ましくないと考えられているようです。

筆者がバブル崩壊後の銀行の決算データを用いて、数的処理を試みた時のことです。「日本長期信用銀行（長銀）は粉飾決算をしていたに違いないから、長銀のデータを除いて分析しました」と言ったら、「長銀が粉飾していた証拠、他行は粉飾していなかった証拠などがないのに、恣意的な操作はまずい」という指摘を受け、長銀のデータを含めて分析を行ないました。その結果も論文として発表しましたが、長銀の決算書の数字を用いた分析で偉そうな結論を導いている論文など恥ずかしくて、銀行員時代の同僚には見せられません。

効率性の概念が乏しい

民間企業であれば、利益の最大化が重要な使命ですから、効率性およびコスト・パフォーマンスの低い業務は改善することが求められます。

しかし、大学では利益追求が目標とされていないこともあり、効率性の概念が乏しいと感じます。そもそも役に立つことが大事だと思っていない人たちですから、コストを削減することが重要だという概念も乏しいのでしょう。

とにかく不平不満が出ないよう完璧を期するため、筆者が合理化を提案すると、「そんなことをしたら学生から苦情が来るかもしれない」「一部の学生の権利を侵害するようなことは許されない」などと否決されます。こうして、業務が減らずに増え続けていくわけです。

たとえば、法科大学院の廃止が決まったとして、3年生のうちで1人だけ留年して休学して大学に残る学生がいるとします。そのために毎年、大学の講義スケジュールを組み、教室を確保します。大変なコストがかかるのですが、おそらくその学生は来年度も休学するでしょう。そうであれば、多額の補助金を払ってでも退学してもらうよう要請（強制ではなく要請）すべきと筆者は考えるのですが、そうした発想をする人は大学では多くないようです。

教員間の平等も重要なので、地方入試の監督を毎日、別の教員が担当したりします。1人の教員が3日続けて同じ会場で試験監督をすれば、往復のコストも時間も削減できるのに……。

なかには、改革の必要性を感じている教員もいるのでしょうが、自分が積極的に動いても手間がかかるだけで自分のメリットにはなりません。かえって「彼は学部長に向いている」などと思われて、次期学部長に推《お》されてしまったりしかねませんから（笑）。

正しさを求めるあまり……

研究者は「正しいこと」が好きで、「良い結果をもたらすこと」には興味が薄い人が多いように感じます。銀行が不良債権処理を先送りしていたという件について、筆者が研究者の会合で「もしバブル崩壊後に全銀行が不良債権をいっせいに処理していたら、不動産の競売が殺到して売買が成立せず、全銀行が倒産していただろう。だから先送りしてよかったのだ」という話をしたところ、誰１人として賛同してもらえませんでした。正しくないことはダメ、ということなのでしょう。

ちなみに、ある大学でキャンパス内を禁煙にしたところ、皆が正門前で吸うようになり、通勤・通学の非喫煙者の受動喫煙が悪化したことがあったようです。教授会が正しいことを追求しすぎたのですね。

さすがに対策が取られたようですが、それはキャンパスの一部を大学食堂を経営する会社の敷地にして、そこに喫煙所を設けることでした。正しいことはあくまでも正しい、というわけです。

第2章

大学は何のために存在するのか

大学教員は何のために働くのか

筆者が大学教員になった時、最初にとまどったのは仕事の目標がわからないことでした。民間企業の社員であれば「会社の利益や発展のため」という明確な目標があり、そのために何をすればよいのかは上司が示してくれます。しかし、大学はそうではありません。

「久留米大学に勤めている以上、久留米大学の利益や発展のためにがんばりたい」と考えたのですが、そもそも大学は利益を追求する組織ではありません。では、どうすれば久留米大学が発展するのか。

それは……未だによくわかりません(笑)。大学教員の仕事は、研究と教育と学内行政です。たとえば、筆者が経済学を研究してすばらしい論文を書き、「査読付き論文集」に掲載されたとします。しかし、それは誰でも無料で読むことができますから、久留米大学の収入が増えるわけではありません。

企業の研究所で新製品を開発すれば、当該企業の売り上げ増加に貢献するのでしょうが、筆者が経済学の新理論を発表したとしても、久留米大学の〝製品開発〟には役立ちません。大学の名声が多少は高まるのかもしれませんが、それは研究者の間での名声であって、ノーベル賞でも取らない限り、在学生や卒業生が喜ぶとも思われませんし、受験生の確保には繫《つな》がらないでしょう。

では、大学の利益を離れて世の中の利益になる、という観点はどうでしょうか。

久留米大学をはじめとして全国の大学は、政府から補助金を受け取っていますから、筆者の給与の一部は税金から出ているわけで、「日本の経済学のレベルが上がったことで政府が満足してくれれば税金の使い方として正しい」という考え方はあり得るでしょう。

しかし、ここで前章を思い出していただきたいのですが、多くの研究者にとって「論文は世の中の役に立つために書くわけではなく」、ましてや日本の役に立つために書くわけではありません。「真実を追求するために書く」と言えば格好が良いですが、「何かを証明できるデータがあれば、それを用いて何かを証明し、それを論文として発表する」というだけのことです。それがたまたま世の中の、日本の納税者の役に立つことであればよいのですが（笑）。

まあ、世界中の経済学者が研究して論文を発表して、その結果としてすこしずつ経済学が進歩して世の中の役に立てるようになっていくのであれば、微力ながら筆者の研究もその一端を担《にな》う者として、人類への貢献と言えるかもしれません。しかし、それは日本政府が日本の税金を使って、久留米大学の教員に従事させる仕事なのでしょうか。

大学生は何のために学ぶのか

筆者が経済学の講義をまじめに行なったとして、学生は喜ぶでしょうか。そもそも、学生は経済学を学ぶために大学に来ているのでしょうか、それとも経済学の単位を取得して大学卒業の身分を得るために大学に来ているのでしょうか。残念ながら、多くの学生は後者です。

大学の授業料を払っているのはたいてい保護者ですから、保護者の意向は重要です。彼らは教員に何を期待しているのでしょうか。彼らの子女が経済学を学ぶことでしょうか、あるいは子女が大学卒業の身分を得ることでしょうか。残念ながら、多くの保護者は後者です。

では、筆者がまじめに経済学を教えたとして、企業はそれを評価して久留米大学の学生を採用してくれるのでしょうか。残念ながら、そうでもなさそうです。成績が良い学生は「まじめな性格だろう」ということで採用されるのかもしれませんが、「経済学がよくわかっている人材を求めている」という企業は稀なようです。

高校の教師であれば、使命は比較的明確です。一般の高校では「教科書の内容を生徒に理解させる」ことが最重要でしょうし、進学校では多くの生徒を難関大学に合格させることが使命でしょう。いずれにしても、自分の担当科目について誠実に教育をすれば、それが勤務先（高校）への貢献になるわけです。そして、保護者も文部科学省（文科省）も、それを教師に期待しています。

しかし、大学はそうではありません。多くの学生も、多くの保護者も「経済学を学びたい」「学ばせたい」と思っているわけではなさそうです。では、文科省はどうでしょうか。多くの大学を作り、国民の血税を使って多額の補助金を出しているのはなぜでしょうか。

「学生が大学で経済学を学ぶと、日本経済に貢献できる人材に育つ」と思っているのでしょうか。そうだとすると、それはすこし違うかもしれません。経済学を学ぶ過程で物事を論理的に考える訓練がなされるのであれば、日本経済に貢献できる人材に育つと期待されますが、残念ながら、実際には経済学理論をそのまま暗記するだけの学生も多く、あまり世の中の役には立っていないようなのです（第7章で詳述）。

そもそも、大学の目的は日本経済に役に立つ人材を育てることなのでしょうか。そんな基本的なことでさえも、人によって考え方がさまざまで、特に決まった考え方はないようです。

異色の教育方針

というわけで、筆者は何のために教育をするのかをよくわからないまま、自分なりの教育方針を立てました。

それはおそらく、世の中の大学教員の多くが考えていることとは大きく異なるでしょうし、「私はこんな講義をしています」と公言すれば、さまざまなバッシングを受けたかもしれません。もう退職したので、懲戒解雇はされないでしょうから、書きますが（笑）。

詳しくは第8章に記しますが、一言で言えば「学生にとって、経済学理論を学ぶことよりも、良い人生を歩むために必要なことがあるので、それを教育する」です。具体的には、物事を論理的に考える訓練をしたり、黒板に書かない教授の講義を聴いてノートを取る練習をしたりする、といったことです。

ちなみに、学生に対する大学の責務は原則として学問を教えることだけで、人格教育をしたり、プライベートに立ち入ったりすることはしません。大学生は「大人」という扱いなので、自分のことは自分で考えるのが原則だからです。最近では、学生に対して生活指導なども多少は行なっていますし、保護者面談があったりしますが、それでも中学や高校とは比較になりません。

大学への貢献

学内行政とは、いわゆる企業人的な仕事のことです。多くの大学教員は「雑用」と呼んでいるようですが、筆者のような企業出身者にとっては従来の本業です（笑）。これは、「大学の存在意義」というより、大学が存在するために必要な業務なのですが、便宜上、本章に入れています。

大学には多くの職員がいて、企業人として事務的な仕事をこなしていますが、教員もかなりの部分を担っています。具体的には、履修登録の受付、進級や卒業の認定、サークル活動の支援、学生のトラブルの予防および事後処理、図書館の整備、就職等の支援といった業務に加えて、入試関係の業務もあります。

教員の仕事を減らして職員の仕事を増やし、教員の定員を減らして職員を増やすことは当然考えられますが、誰かがやらねばならない仕事であり、やれば久留米大学への貢献になることはまちがいありません。

筆者は、学生の就職を支援する業務を担当しました。教授会で「民間企業出身だから、採用関係の仕事を割り振ろう」ということだったのかもしれません。

学生の就職を支援する仕事には、企業の採用担当者との接点を持つことが含まれます。大学の教員のなかには、スーツを着て企業人と会うだけで大きなストレスを感じる人が多く、のみならず相手にストレスを与える人も少なくないようです（笑）。筆者にすれば、銀行員時代、毎日していたことですが……。やはり、就職支援の仕事は、実務家教員が担当するほうが無難でしょう。

筆者が就職支援を担当した理由は、もう1つあります。それがもっとも久留米大学に貢献できる仕事としてやりがいを感じたため、立候補したのです。

受験生を増やすことが久留米大学の学生の質を高めることになり、受験料収入にもなります。また、少子化で定員割れの大学が増えることが予想されるなか、久留米大学も将来的には定員割れとなる可能性があり、それを避けるための努力が必要です。そのためにもっとも有効なのが「就職に強い大学」という評判です。

「久留米大学に入学すると、経済学に関する理解が深まる」より、「就職指導がしっかりしている久留米大学」のほうが、高校生および保護者、高校の進路指導の先生たちへのアピールになるでしょう。

社会貢献も必要

大学は政府から補助金を受け取っており、政府からの「社会貢献すべし」という要請に応《こた》える必要があります。久留米大学では地域連携センターという組織を作り、地域への貢献を心がけています。

筆者も微力ながら貢献しました。老後資金関連の本を出版していますから、そうした内容についてFM福岡で話をしたり、西日本新聞発行のマネー情報誌に寄稿したりしたほか、講演なども担当しました。銀行員時代に担当していた経済や景気などに関する話もしましたが、人々の関心は老後資金のほうが強かったので、地域貢献の内容もおのずと老後資金関係のものが多かったように思います（第8章で後述）。

大学は多すぎるか

高度経済成長期（1955～1973年）までは大学に進学する人が少なく、大学生と言えば「エリート」というイメージがありましたが、その後は大学の数も定員も増え、今では「普通の人」が普通に大学に通うようになりました。

それに対し、「大学の数が増えすぎたので、昔の大学のように少数精鋭とすべき」という意見を耳にします。

「少子化だから大学の定員を減らせ」＝「大学の質を落とすな」ということであれば、筆者も同意します。18歳の半分が大学に進学するだけの定員を維持したまま、18歳人口が減ると、今より大学入学が簡単になってしまうから、というわけです。

それに加えて「少子化のペース以上に定員を減らすことで大学入学を今よりも難しくしろ」という意見もあります。大学へ行っても難しい理論を学べるような基礎学力がないならば、専門学校等で手に職をつけたほうが本人のためにも日本経済のためにも良いということでしょう。一理あるとは思いますが、結論としては賛同しかねます。学生の事情と日本経済の事情という2つの面から考えてみましょう。

まず、学生の事情です。かつて大学生が少なかったのは「学力の高い生徒だけが大学に行っていたから」だけではなく、「学力は高いのに親が貧しくて大学に行けなかった人も多かったから」でしょう。日本が豊かになり、そうした人も大学に進学できるようになったのだとすると、大学進学率が上がったほどには大学生の学力は落ちていない可能性があります。

日本経済の事情としては、大量の単純労働者を必要とする工場などがアジア諸国などに移され、日本国内では知的労働を必要とする職場の比率が上がっています。したがって、労働力需要の観点からは、大学進学率が上がることが必要なのです。

実感として大学生の学力が落ちているのは多くの人が認めるところでしょうが、それは大学の定員が増えたからではなく、初等教育が「ゆとり教育」などによってやさしくなった影響も大きいように思います。

大学の定員減は18歳人口の減少と同じくらいのペースにとどめ、大学教育を受ける前の段階で、基礎的な学力をしっかり身につけさせることが重要だと筆者は考えています。

もう1つ、提言があります。大学側が基礎学力の乏しい学生に、従来の大学の教科書をそのまま使って教えることはやめるべきです。基礎学力のある学生にとって「論理的に考える訓練」をする材料であった教科書が、今の学生には「理解できないから暗記する対象」となってしまっているからです。

いずれも厳しい目標ですが、何とか達成するしかありません。達成できなければ、日本には単純労働を必要とするベルトコンベアーが並び、知的労働は海外諸国が担当する、ということにならざるを得ないからです。

筆者に言わせれば、多すぎるのは大学ではなく大学院の定員です。企業人を育てる大学は多すぎないけれど、研究者を育てる大学院は多すぎる、ということです。知的労働者の需要は増えていますが、研究者の需要は増えていませんから。

所詮はゼロサムゲーム!?

筆者は久留米大学から給与を得ていましたから、久留米大学の学生に就職支援をすることで、学生が幸せになるように、久留米大学が高校生等から評価されて受験生の数が増えるように、とがんばりました。そのこと自体はまったく問題ないと考えています。

しかし、日本国の利益というものを考えた時には、その意味は変わってくるかもしれません。筆者ががんばっても、日本企業の採用する学生の数が増えるわけではないからです。

筆者ががんばらなければ、久留米大学の学生の就職は成功しないかもしれませんが、その分だけ他大学の学生の就職が成功するかもしれません。つまり、日本国にとってゼロサムゲームにすぎないのです。さらに言えば、他大学の就職担当者と申し合わせていっせいに仕事をサボっても誰も何も困りません。

これは、企業のセールス担当者と似ているかもしれません。自分の会社の製品を売り込む仕事をしている人は、その人がサボっても、日本企業全体の売上高は変わらないでしょうし、ライバル企業のセールス担当者と申し合わせていっせいにサボれば誰も何も困らないからです。

したがって、「無駄な仕事だ」と言うこともできますが、筆者はそうは思っていません。たとえば、軍人は休戦協定・軍縮協定ができて、それが永続すれば不要になります。しかし、そうならない限りは不要になりません。セールス担当者も、就職指導も同じことです。

もう1つ、本当は優秀で日本経済に大いに貢献する実力のある学生が就職活動をサボっていたとして、別の優秀でない学生が採用されてしまったら、それは日本経済にとって損失です。したがって、学生のお尻を叩いてまじめに就職活動に取り組ませることには意味があるのです。

せっかくがんばってきたのだから、自分の仕事には意味があったのだ、と思いたい筆者の独り言でした（笑）。

第3章

大学教授の〝優雅な〟生活

とにかく自由！

大学教授の生活を企業人と比較してみましょう。その特徴は、「上司がいない」「ノルマがない」「時間が自由」です。天国のようなところだと思いませんか？

大学では文系の場合、上司はいません。学部長は、「上司」というより「商店街の世話係」といったところです。教授がそれぞれ個人商店で、商店街のルール作りや行事などの企画や調整などを行なうのが学部長、というイメージです。あるいは、教授たちがそれぞれ〝一国一城の主《あるじ》〟で、彼らが同盟を結び、その輪番制の盟主が学部長、というイメージかもしれません。

理系だと学部長が予算を握っているため、学部長のご機嫌を取る必要があるかもしれませんが、文系では大した予算もありませんので、学部長の「権限」は非常に小さいのです。権限が小さいいっぽうで雑用的な仕事はけっこうあるので、学部長になりたがらない人が多いのが実情です。

学部長選挙は立候補制ではなく、教授全員が候補者です。誰も立候補しないと困るからでしょう。立候補したい人と学部長にしたい人が違う場合も多いから、ということもあるのかもしれませんが（笑）。

筆者が若手銀行員だった時、学生時代の友人が学部長の名刺を出してきたので、驚いたことがあります。友人が言うには、「誰も学部長になりたがらないので、助教授（現准教授）から教授に昇格したばかりの人が学部長になる暗黙のルールがある」のだそうです。これはさすがに特殊な例でしょうが、学部長というものがいかなるものか、ご理解いただくのには良い例だと思います。

ちなみに、どこの大学でも会議は長いようです。会社の会議であれば、部長がイエスかノーを決めて終わりですが、大学では学部長が決めるわけではないので、全員が納得するまで議論が続くからです。それぞれが言いたいことを言うので、まとまりがつかないことも少なくありません。何しろ、効率性に大きな価値を認めていない研究者たち（第1章参照）の集団ですから（笑）。

また、大学教授には厳しいノルマもありません。もちろん、講義や入試の監督等は行なう必要がありますし、文科省に提出する書類なども書かなければいけませんが、それは決められた仕事を決められた通りにやるだけのことです。「自動車を3台売ってこい」といった相手次第のノルマがあるわけではないので、気が楽です。

さらに、時間も自由です。講義と会議の時間を除けば、いつ何をしてもかまわないわけです。たとえば、筆者の銀行員時代、仕事を抜け出して歯医者に行くのは大変なことでした。上司や同僚や部下の了解を得て、「申し訳ない」と何度も言ってから急いで出かけたものでした。大学に移ってから、「歯医者に行きたいのですが」と聞いたら、先輩教授が「講義がないなら好きな時に行けばよい」と教えてくれて、面食らったのを覚えています。

人事考課も原則として行なわれません。論文を書くとボーナスが増える、逆に書かないと准教授に降格される、などのようなことは原則としてありません。論文を書かないと教授になれませんので、それは事実上のノルマですが、それでも「教授昇進が1年遅れてもよいから、今年度は論文を書かずに育児に真剣に取り組みたい」といった自由度はあるわけです。

そして何より、仕事を選ぶことができます。教育と学内行政を人並みにこなしたあとは、研究したい分野を自分で決めて、発表したい時に論文を発表すればよいのです。筆者は論文よりも教科書等の執筆を優先していましたが、それでもかまわないのです。大学によっては「先生、教科書ばかりでなく、論文も書かれてはいかがですか？」といった嫌みを言われることがあるそうですが、給与が減ったり降格人事になったりすることはないので、嫌みなど受け流せばよいだけです。

極論を言えば、仕事をしない自由もあります。筆者は、准教授から教授に昇格した直後に「今日からしばらく、絶対にやらなくてはいけない仕事を除いて、何も仕事はしない」と決めてみました。しかし、学期中であったにもかかわらず、あまりにヒマでボケてしまいそうになり、２カ月ほどで教科書執筆の仕事を再開しました。

なお、これらは普通の大学に関する記述ですが、ワンマン理事長が君臨している大学も少なくないようで、そうした大学では状況が大きく異なり得ることは当然でしょう。幸いなことに、筆者はそうした大学に在籍したことも関与したこともないので実情は知りませんが。

皆がまじめ!!

意外なのは、仕事をしない自由があるにもかかわらず、筆者を含めて教授たちは（わずかな例外を除いて）まじめに働いていることです。一般の企業でノルマも人事考課もなければ、皆がまじめに働くことはとても考えられません。考えにくいですが、逆に言えば、そうでなければ、とっくにノルマや人事考課が導入されているはずです。

大学教授がまじめなのは、〝研究者の卵〟時代に「手抜きは悪」という教えを叩き込まれているからかもしれません。とにかく手抜きをしません。学生指導にも学内行政にも、まじめに取り組みます。

問題は、「良い結果をもたらす」「コスト・パフォーマンスを高める」という価値基準が乏しいため、「仕事だからまじめに取り組むのは当然」として、必要度の低い作業にも真剣に取り組む人が多いことです。実際、必要性の低い会議などに出席させられて閉口したことが何度もあります。それでも、銀行員の時より、はるかに時間に余裕があり、とても幸福でした。しかし、大学院から助教、講師、准教授、教授となった人たちは、それが普通だと思っているようで、幸せだと感じていない人が多いのはもったいないと思います。

大学教授がまじめだと思う理由のもう1つは、多くの教授が「論文の執筆で忙しい」「学会発表の準備で忙しい」などと言っていることです。書かなくても叱られないのに論文を執筆したり、担当しなくても叱られないのに学会発表を担当したりする。根がまじめなのです。

筆者に言わせれば、それは「仕事」が忙しいのではなく、「趣味」が忙しいのです。企業人にとって、仕事とは「やらないと自分に不利益が生じるから、やらざるを得ないもの」であり、その基準に当てはめれば、執筆しなくても不利益が生じない論文や担当しなくても不利益が生じない学会発表などは、仕事ではなく趣味です。「趣味なら、もうすこし楽しそうにやればよいのに」と思わないでもありませんが（笑）。

まあ、「人はなぜ働くのか」という問いの答えはさまざまであり、「真理の探究が楽しいから」「自己実現のため」「同業者から論文等が認められたいという自己承認欲求のため」などが動機なのでしょう。

なかには、業績を増やして今より待遇の良い大学に移籍したい、という転職目的の論文執筆もあるのでしょうが、全体に占める比率は高くなさそうです。

なお、研究者は世に広く称賛されるより、仲間うちでの称賛を望む傾向があります。〝学者村〟のなかで暮らしているため、そのなかでの評価、発言力、人事権などが重要になるからです。

ちなみに、筆者もずっと暇《ひま》にしていることが可能だったのにまじめに働いたので、その点は似ているかもしれません。もっとも、筆者の場合は「社会貢献による自己実現」が動機でしたから、そこはすこし違っていましたが。

准教授以下は忙しい

大学教授と異なり、教授への出世の階段を上ろうとする助教、講師、准教授は暇にしていられません。査読論文を多数書くことが必要だからです。加えて、教育や学内行政もまじめに取り組まねばなりませんし、教授たちとの人間関係も重要です。

それでも、企業人や官僚などの出世競争と比べれば、プレッシャーははるかに小さいでしょう。企業人の場合は同期に1年遅れると回復するのが非常に大変で、出世競争の最終ポストに大きく影響するため、必死になります。しかし、大学教員の場合は准教授や教授になるのが1年遅れたからといって、最終ポストは教授が最高位ですから、長い職業人生において大きな問題にはならないのです。

また、企業人は全員が部長や役員になれるわけではなく、出世競争が熾烈です。いっぽう、大学教員は原則として年功序列で、多くの人が教授になります。まあ、研究をサボっていれば、昇進が遅れますが、それでも教授になれないわけではありません。

ただ教授でも、他大学に転出しようと考えている場合は暇ではありません。査読論文を書かねばなりませんから。専門分野にもよりますが、ある程度の年齢になると「閃《ひらめ》き」は衰《おとろ》えてくるでしょうし、「知恵がないなら汗で書け」と言われても膨大なデータを入力したり処理したりするのは大変でしょうから、簡単ではありません。

大学教授と企業人、どちらを選ぶか

もし「大学教授と企業人のどちらが良い人生でしょうか」と聞かれたら、「書類やデータに囲まれて研究をすることが好きか、企業人として組織のなかで働くことが好きかという好みや適性の問題があるので、何とも言えません」と答えるでしょう。

好みや適性の問題を別にすると、以下のようなメリットとデメリットがあります。まず、若い時は圧倒的に企業人のほうが恵まれています。大学教授になるには、大学卒業後も大学院に通って真剣に勉強しなければいけないので、学費はもちろん、生活費も含め金銭的負担はけっして小さくありません。

それでも博士号が取れる保証はなく、取れたとしても大学教員になれる保証はなく、不安な日々を送ります。大学の同期生が企業人として颯爽《さっそう》と働いている（ように見える）姿と比べると、収入の面でも将来の保証という面でも大きく見劣りします。

ただ、ひとたび教員として採用されれば、あとは出世競争も厳しくありませんし、マイペースで研究して成果が出たら昇進していきますから、企業人が「出世が同期に1年遅れたから、最終ポストも生涯賃金も期待できない」と苦しむようなことはありません。教授になってしまえばマイペースで仕事をすればよいので、ストレスは激減します。さらに、大学は定年が一般企業より遅いことが多く、定年後の再雇用のような制度を持っているところもあります。ですから、若い時に懸命に仕事（研究）をして、教授になったらマイペースで仕事をする。齢《よわい》を重ねてがんばりが利《き》かなくなってきたら、仕事量を調節しながら減らしていくという「フェードアウト」が可能です。

いっぽう、企業人は定年までがむしゃらに働いて、定年になると一気に仕事がゼロになるか激減します。定年延長は巷間《こうかん》言われているほど進んでいませんし、定年後の再雇用では収入が激減することも多いようです。そして、リタイアすると、特に仕事一辺倒だった人ほど途方に暮れたり、老け込んだりします。

このように、大学教授のほうが毎年の仕事量はやや少ないが、定年が遅いため、生涯の仕事量は企業人と同じくらいになるというのが、筆者のイメージです。

なお、文系では任期つき教員（講師など）の採用は少ないですが、理系では増えているようです。任期つきの場合、任期中に研究成果を出し、同時に次の職を得るために願書を書くなど就職活動をしなければなりませんから、かなり大変です。

共同体と構成員

学部は、前述のように「商店街」と考えるか、「一国一城の主たちの同盟」と捉《とら》えるかはともかく、それぞれの利益を共有する「共同体」です。組織の目的は、構成員が幸せに暮らすこと。したがって、「よほど大きな問題がある場合を除き、相互に口出しをせずに各自が好きなように講義や研究を行なう」という暗黙の了解ができています。

大学は商店主や一国一城の主たちの共同体なので、教授たちはたがいに「先生」と呼び合ったり、敬語で話したりします。

もっとも、時として部外者に対しても同僚教授を敬ってしまうことがあるので、驚くことがあります。筆者自身、企業の人事担当者を集めた会で挨拶《あいさつ》しようとしたところ、司会者が「それでは、就職責任者の塚崎教授よりご挨拶をいただきます」などと言うので、驚いてしまいました。当然ですが、翌年から「塚崎よりご挨拶申し上げます」に台本を書き換えてもらいました。

共同体ですから、人事に関しても構成員の幸せが重要視されます。たとえば、准教授から教授になる際も研究や教育でよほどの手抜きをしていない限り、普通に昇進できます。逆に、いつまでも准教授のままだと、研究態度などに問題があるのではないかと外部の人々に邪推されてしまいます。教授が定年退職後に再雇用されるか否かも、本人が希望すれば認められることが多いです。いわゆる〝おたがいさま〟です。

例外は、派閥抗争が激しい時です。たとえば、「多数派に所属する准教授は教授に昇進できても、少数派の准教授は昇進できない」ことが起こる可能性があります。人事は教授たちの投票で決まるわけですから、「数の論理」になるわけですね。

ちなみに、派閥争いがある場合には、学部長の権限は絶大かもしれません。学部長選挙で勝った多数派派閥の長ですから、教授会の投票を自由に操作できる立場にあるかもしれないからです。

まあ、派閥争いなどしないで「皆で仲良く教授になろうよ」という暗黙の了解が普通ですし、そのほうが構成員にとっても幸せです。

上記のように、大学教授は企業人より恵まれている点が多いのに、教授たちは自らが幸せであることを認識していないようです。１つの世界にずっといると、それが当然だと思うので、他の世界との比較など思いつかないのでしょう。

ここまで書いてきて、諺《ことわざ》の「若い時の苦労は買ってもせよ」が頭に浮かびました。本来の意味は「若い時に苦労すればその体験が後で役立つから、自分から積極的に受け入れろということ」（『広辞苑　第七版』）ですが、「若い時に苦労しておくと、のちに普通の生活をするようになった時に自分が幸せと思える」とも言えるのではないでしょうか。

筆者は企業人として若い時に苦労したからこそ、大学教授という境遇が幸せと感じられたのです。厳しくご指導ご鞭撻《べんたつ》してくださった銀行員時代の上司、先輩、取引先の方々に感謝です（笑）。

大学教授は孤独

大学教授が快適でない点を挙げるとすれば、孤独であることかもしれません。

職場は研究室という個室であり、すばらしいことではあるのですが、雑談をする相手もおらず、1人で黙々と研究することになります。1日を通して誰とも話さなかったということも珍しくありません。また、教授の人選は幅広い専門分野を揃えるのが普通ですから、自分の専門分野と近い人は学部内にいることは稀です。つまり、同僚と仕事（専門）の話をすることはほとんどありません。孤独です。

一国一城の主ということは自分で何でも決められるわけですが、それをストレスと感じることもあるかもしれません。組織や上司に命じられた仕事を淡々とこなせばよいのではなく、自分で決めなくてはならないからです。

具体的には、まず何を研究するかを決め、次にどのように進めるのかを決めます。研究が始まれば試行錯誤をしながら何年、時に何十年も続けますから、悩み苦しむこともあるでしょう。その時に相談に乗ってくれる人を学内で見つけることは困難です。筆者のような経済評論などであれば、同業者が大勢いますから意見交換も容易ですが、それができないとなると、解決方法も含め、頼るのは自分のみとなります。

そこまでしても、結果が出ないこともあります。すべてが自分の責任ですから、プレッシャーは大きく、それに耐えられる、もしくは鈍感であるか楽しめる人でないと務まらないように思います。

教授を目指して挫折すると悲惨

ここまで、大学教授のメリットとデメリットを見てきましたが、やはり大学教授は大変恵まれた職業だと思います。だからといって、「学生諸君は企業人より大学教授を目指すべきだ」と言うつもりはありません。2つの問題があるからです。

第一に、適性と好みの問題です。組織のなかで他人と関わりながら働くこと（企業人）、自分1人でデータや論文と格闘すること（大学教授）。このどちらを選ぶか、自分の適性を見きわめなければなりません。

第二に、リスクの問題です。大学教授を目指して大学院に通い、博士号を取得しても、大学教員になれるとは限りません。博士号取得者の数は増え続けていますし、天下り先が減少した官僚も大学教授を目指すなど、競争は激しくなるいっぽうです。

深刻なのは、大学院を修了してから企業に就職することが相当難しいことです（理系よりも文系に顕著）。そうなると、収入がない大学院時代に奨学金で授業料を支払っていたのに、修了しても就職できなければ、アルバイトをして生計を立てざるを得ない。奨学金の返済も困難といったことになりかねません。日本企業が大学院卒を採用したがらない理由は採用担当者に聞かねばなりませんが、おそらく「年齢が高くて理屈っぽく、プライドも高そうな新入社員」は歓迎されないのだろう、と推察されます。

そうした事情があるにもかかわらず、文科省が博士課程の定員を増やしたのは大きな誤りだったと筆者は考えています。「国際会議の参加者は欧米では博士が多いのに、日本では学士が多くて恥ずかしい」などの理由とすれば、各国の実情の違いを理解しない愚策としか言いようがありません。

ということは、「大学卒業後は企業に就職して、順調に出世すればそのまま企業人として働き続け、出世しそうもなければ大学教員を目指す」という選択肢が頭に浮かびます。それなら、リスクは低くなります。日本企業の多くは終身雇用であり、不祥事さえ起こさなければ解雇されることは稀でしょう。出世しなくても、最低限の生活には困りません。そこで、会社に勤めながら「社会人大学院」に通って博士号を取得するのです。

もちろん、年齢を重ねてから博士号を取得し、大学教員を目指しても、競争はさらに激しいですから、教授になれる可能性は高いとは言えませんが、「食べていけないリスク」は圧倒的に小さいわけですから、これも選択肢の1つです。なお、これ以外にも大学教授になる方法はありますので、詳しくは第4章をご覧ください。

最大のストレス

多くの大学教員にとって、最大のストレスの1つが入試関連業務（作問および監督）です。

意外かもしれませんが、大学教授は作問には不慣れであるだけでなく、向いていません。なぜなら、大学の教員は自らの専門分野を狭く深く掘り下げるのが仕事だからです。たとえば「安土桃山時代の南蛮文化」を専門にしている教員に、「日本史の入試問題を作ってください。1つの時代に偏《かたよ》ることなく古代から近代まで入れてください」と依頼しても、困惑するだけです。

しかも、ミスが許されません。内容の誤りはもちろん、曖昧《あいまい》な選択肢で受験生が解答に困るものもアウトです。その場合、マスコミに叩かれるだけでなく、追加合格を出さざるを得ないケースが出来《しゅったい》することもあります。

筆者は、作問は予備校の講師にお願いすることを提案します。「情報漏洩《ろうえい》の懸念がある」「ミスがあった時の責任は大学にあり、たとえ作問を依頼したとしても、ミスの有無を大学がチェックしなければならないから同じ」などの問題があることは承知していますが、やはり「餅は餅屋」だと思うのです。

試験監督も、気が重い業務の1つです。特に気が重いのが大学入学共通テストです。久留米大学の入試であれば、問題が起きても久留米大学内部で臨機応変に対応すれば、ほとんどが解決できます。しかし大学入学共通テストは、他の試験会場との不公平が生じないようにマニュアル通りに進行しなければなりません。問題が起きた場合に備えて、分厚いマニュアルを事前に熟読しておく必要がありますし、瞬時に適切な対応を求められます。

特に、英語のリスニング試験は緊張します。問題が起きた時にマニュアルを参照していると、その間に録音の再生が進んでしまうからです。英語のリスニング試験の数十分間は、全国の試験監督が何事も起きないよう祈っていると言っても過言ではありません。筆者にとっても、まちがいなく「大学在籍中にもっとも避けたかった業務」の1つですね。

第4章

大学教授になるには

年々、狭き門に

かつて、大学教授になることはそれほど難しくなかったようですが、最近では狭き門となっています。その理由を「少子化で大学の数が減っているから」と思われるかもしれませんが、そうではありません。実は、大学の数も学部の数も増えているのです。

大学教授が狭き門になった理由の第一は、各大学に博士課程が設置されて博士課程修了者が増えたからです。前章で触れたように、博士号を取っても企業への就職は難しいため、彼ら・彼女らは大学教員を目指さざるを得ません。しかし、希望者全員が大学教員になれるわけではなく、〝積み残し〟が出るため年々、倍率が高くなっているのです。

第二は、官僚の天下りが難しくなったことで大学教授を目指すようになったことです。官僚だけではありません。企業出身者も〝参戦〟しています。たとえば銀行員はかつて、取引先の財務部長として受け入れてもらえた人数が多かったのですが、最近では受け入れ先が減ってきたため、大学教授を目指す人が増えてきたのです。

年金の受給開始年齢の引き上げも、影響しているかもしれません。大学教授は定年が遅いため、受給開始年齢まで（あるいはそれを過ぎても）働ける点が注目された可能性があります。

筆者は、ギリギリ最後のタイミングで教授の椅子に滑《すべ》り込みましたが、今ならばとうてい無理だったと思います。

教授への道

大学教授になる王道は大学院に進学して博士号を取り、助教、講師、准教授、教授へと昇進していくことです。教員の採用を事実上決めるのは教授たちで構成される教授会であり、彼らが博士号を非常に重要と考えている以上、博士号を取得することがきわめて重要です。

ただ、大学卒業後に5年間（あるいはもうすこし長期間）授業料を支払い続けることは、すでに就職して給与を受け取っている大学の同期と比較すると、大きなコストです。

最近は博士号の取得が昔より簡単になってきたとはいえ、それでも取得できるという保証はありません。仮に博士号が取得できたとしても、大学教員になれるとは限りません。博士号を取得して大学教員になれないと、何度も述べているように企業等への就職が難しいため、アルバイトなど生涯にわたって不安定な生活を余儀なくされる可能性もあり、これは大きなリスクです。

博士号を取得した大学で、任期つきの博士研究員（ポストドクター、通称ポスドク）として数年間雇《やと》ってもらえる場合もあります。しかし必ず雇ってもらえる保証はなく、雇ってもらえたとしても数年以内に次の仕事が見つかるとは限りません。

指導教授が実力者の場合、就職先を世話してくれることもあるようですが、残念ながら、自分で探すほうが多いです。たとえば、科学技術振興機構のサイトで大学教員募集情報（https://jrecin.jst.go.jp/seek/SeekTop）を見て、願書を提出します。

しかし、これはかなり大変な作業です。大学ごとにフォーマットが異なるだけでなく、1件の願書を作成するのに何時間（場合によっては何日）もかかります。さらに、倍率もかなり高いことがほとんどです。博士号を持っていて大学教員になっていないライバルたちが大挙して押し寄せるからです。何十通も願書を書く人もいます。

せめて、文科省が「大学教員を目指す人が用意すべき履歴書と研究業績一覧」のフォーマットを決めて、名大学がそれを使ってくれれば、作業は軽減されると思うのですが。

重要なのは、何をどのように学ぶか

博士号取得を目指す場合、「何を専門分野にするか」を慎重に検討する必要がありま す。メジャーな研究分野なら教員募集は多数あるでしょうが、その分ライバルも多くなり ます。逆に、あまりにマイナーな研究分野だとライバルはいないかもしれませんが、教員 の募集がまったくないということもあり得ます。ですから、自分が研究したいこととニー ズ（大学教員のポスト）を天秤にかけながら、戦略的に考えるべきです。

「どのように学ぶか」も重要です。たとえばアメリカの大学院で学べば、語学力が向上し ますし、アメリカの金融について論文を書けば、日本の大学の「金融論」「国際金融論」、 アメリカの大学の「金融論」などメジャーな分野に多数応募できます。金融システムの日 米比較をしてもいいかもしれません。英語の査読論文は、日本語の査読論文より高く評価 される傾向にあるので、アメリカで査読論文を書くと有利ですし、帰国後も英語力を活か して国際的な論文集や紙誌に投稿することができます。

海外で学ぶというと、コスト面が気になりますが、海外の大学院は奨学金制度がしっかりしているところも多く、実力さえあれば、かなり低減されます。

いっぽう、海外の大学は日本と比べて採点が厳しいところが多いようですし、「教授のお情けにすがる」ことも難しいでしょうから、異国での生活のストレスを抱えながら、語学のハンディを押し退《の》けて学位にチャレンジしようとするのは、相当の覚悟が必要です。

博士号の取得方法

どうすれば博士号を取得できるのでしょうか。一言で言えば、大学の博士課程に入学して3年間の研究を終え、博士論文を書いて審査に通れば取得できます。

これ以外にも「論文博士」という制度があり、博士課程に通わなくても博士号を取得できます。ただ、これは、功《こう》成り名《な》を遂げた教授が「自分が若かりし頃は博士号の認定基準が非常に厳しくて、博士号を持っていない。退官記念に論文を書くから、博士論文として審査してくれ」と言って、博士号を取得するケースを想定した制度のようです。

それでは、大学の博士課程に入学するにはどうすればいいのでしょうか。それは、修士過程を修了、あるいは修了見込みとなった人が願書を提出し、入学試験を受けて合格すれば入学できます。

この入試は、普通の大学入試（学部）とは異なります。大学入試は試験前に受験生と教授が親しくなることは許されないでしょうが、大学院、特に博士課程は受験生と教授の意思疎通が十分にできてから入試を受けるのが普通です。実際、博士課程に進学する人の多くは、修士号を取得した大学で同じ指導教員のもと、博士課程に進学するわけで、一応試験はあるけれど、かなりの確率で合格するというのが実情です。

もっとも、そうでない人もいます。修士号は取得したけれども異なる分野で博士号を取得したい人、修士の資格で企業人をしていたけれども博士号を取得したくなった人、修士号は取得していないけれども修士と同等の研究業績があり博士課程に入学しても問題ないと大学が特に認めた人などです。

これらの人たちは、自分の研究したいテーマについて指導してくれそうな教授を探して、「自分はこうした研究をしたいのですが、ご指導いただけますか」といった事前の相談をするのが普通です。

その際には、自分の研究したいテーマについてしっかり勉強したうえで、「○○の論文の△△部分を工夫して、□□のデータを使って研究することで新しい論文が書けると考えております」などと、具体的に説明できなければなりません。「経済学については何も知りませんが、経済学博士になりたいので、ご指導いただければ幸いです」などと言われて、指導教員を引き受ける教授はいないでしょうから。

博士論文を書くことは大変なことのように思われるかもしれませんが、恐れる必要はありません。少なくとも「末は博士か大臣か」などと言われるようなシロモノではありません。一昔前まではその言葉通りだったようですが、今ではすっかり様変わりしています。もちろん大学によって差が激しく、厳しい大学もあれば、そうではない大学もあります。

実際、各大学に博士課程があり、多くの大学で定員割れを起こして学生を集めるのに苦労していますから、入学試験の基準もそれほど厳しくありませんし、入学後も同様です。「入学した学生がほとんど博士号を取得できない」というような厳しい学位判定を行なえば、それが噂になって受験生が減ってしまうからです。

指導教授によっては厳しい場合もあるでしょうが、まじめに勉強すれば、何とかなる場合が多いでしょう。ここでのキーワードは「まじめに勉強すれば」です。第1章で「論文は、知恵がないなら汗で書け」と記しましたが、まさにこれです。

たとえば、指導教授が「アメリカ経済に関する論文Aと論文Bを読んで基本的な考え方を理解したうえで、日本について同じことが言えるか否かを調べて論文にしてごらん。そのために、こういうデータを集めてこういう分析をやってみなさい」と懇切丁寧に指導することも多いようです。

この時、集めるデータの量が膨大だったり、入手しにくいデータだったりするわけです。簡単に入手できるデータだけを使って教授に言われた通りの分析をしただけでは、「汗で書いた論文」とは呼べませんから。

学部の場合、入学試験の難易度に応じて基礎学力のレベルの揃った学生が集まり、それぞれのレベルの学生が「そこそこ勉強すれば卒業させる」というのが一般的です。しかし博士課程の場合、必ずしも「難関大学の博士号を取得するほうが難しい」とは言えません。博士論文は公開されていることが多いですから、入学を検討している大学院については過去の博士論文を見れば、どの程度のレベルが必要なのか見当がつくでしょう。

もっとも、教授がどの程度懇切丁寧に指導してくれるのかは論文を見てもわかりませんから、非公開情報が重要になります。ツテをたどって、情報を入手しましょう。「どこの飲食店が安くておいしいか」を公開情報だけで知ろうとしても限界があります。やはり、その店に行ったことのある人に聞くのが一番です。これと同じです。

興味よりも、評価で選べ

博士論文に限らず、論文を書く場合、自分が興味を持っているテーマに拘《こだわ》らないことが肝要です。なぜなら、興味深いテーマは論文に向かないことが多いからです。もちろん、たまたま興味のあるテーマが論文向きであればラッキーですが、その可能性は低いと考えたほうがよいでしょう。

むしろ、論文に向きそうなテーマを選び、そのテーマに近いものを専門分野としている教授に指導をお願いするほうが、あとあと広がりも出てきます。今は興味が持てなくても、そのテーマを研究している間に興味が湧《わ》いてくるかもしれませんし、論文が評価されれば次の論文を書く意欲が湧いてきますから、しばらくの辛抱です。なお、博士課程に所属する3年間で博士論文を書くというより、毎年小さな論文を書いて、それをまとめて博士論文にするというイメージです。

論文向きのテーマとは客観的なデータを用いて証明することができ、かつデータの入手が比較的困難なために、他の研究者が手をつけていないものです。といっても、いきなりテーマを考えるのは無理でしょうから、やはり発表されている論文を数多く読み、そこからヒントを得ることです。

たとえば、第1章で述べたように、「アメリカの1990年代のデータを用いて分析したら、こういう結論を得た」という論文から「日本の1990年代と2000年代のデータで同じことを行なったら結論が違った（同じだった）」という論文を書くわけです。最初の論文に比べれば価値は小さいですが、人類の叡智に新たな1ページを加えたわけですから、十分価値があります。学会で発表して賞賛を得ることは無理でしょうが、博士論文として扱うテーマとしては十分です。

ちなみに、筆者は銀行で景気予想を行なっていましたから、レポートを大量に出していましたし、大いに興味がありましたが、それらは研究とは認められませんでした。客観的ではないからです。なぜ景気が良くなると考えるのかを論理的に説明しようとするわけですが、予測にはどうしても「長年の経験と勘によれば」という部分が入ってきます。それは研究者たちがもっとも嫌うものの1つなのです。

筆者が大学に応募した際の提出物で評価されたのは、1985年のプラザ合意後に執筆したレポートのなかで貿易数量について回帰分析をした部分です。過去の貿易統計のデータから貿易数量と為替レートの関係を回帰したものです。

過去のデータを用いた回帰分析と最近のデータを用いた回帰分析では、後者の弾性値が小さくなっている（輸出数量が為替レートの影響を受けにくくなっている）というものでした。筆者としては、円高でも輸出数量がそれほど減らないという予測が主題で、言わば刺身のツマとして「ちなみに回帰分析をしてみたら……」を載せておいたのですが、その部分が評価されたわけです。

なお回帰分析は、用いるデータの期間をすこし変えただけで結果が大きく変わってしまうことも多いため、筆者の知る限り、景気予想を担当している人の間ではあまり評判の良いものではありません。経済は複雑であり、2つや3つの説明変数で起きていることを説明できることは稀だからです。したがって、主題を書いたうえで「ちなみに回帰分析をした結果も私の結論を支持しています」といった付録的な使い方をするわけです。その部分だけが評価されたわけですから、心境は複雑でした（笑）。

筆者の幸運は、筆者の勤務先の銀行が経済調査に力を入れており、データベースの購入に積極的だったので、他の人々が入手困難なデータを豊富に持っていたことです。データを手作業で拾っていたら、何年かかっても回帰分析などできなかったでしょう。それが「他の研究者にはできないことを成し遂げた」という評価に繋がったようです。

コネも重要

博士号を取得後、就職先を自分で探すことになった場合、論文を書いて学会で発表するなど、実力者の目に留《と》まるための努力が必要です。

学会では懇親会もセットされていることが多いので、実力者に顔を売りましょう。ただ、実力者のところには多くの売り込みが来ますから、そのなかで秀《ひい》でることは容易ではありません。仮に実力者の目に留まったとしても、実力者の大学で自分の研究テーマの教員を募集していなければ、採用には至りません。したがって、学会の実力者だけでなく、大学教員には広く顔を売っておきましょう。大学としても、新しく教員を採用するに際して、顔見知りのほうが安心だからです。

企業人の場合は、学生時代の知り合いで大学教員になっている人がいたら、その人たちに広く声をかけて、自分が大学に移りたいと考えていることを伝えておくとよいでしょう。

ところで大学には、企業ではとうてい通用しないような「トンデモ教授」もいます。なぜ、そのような人が採用されるのでしょうか。その理由は採用システムにあります。大学教員の採用は企業と異なり、論文重視で面接の比重が小さいのです。さらに、面接をしても、人物を見抜けるだけのスキルが教授会のメンバーにはありません。そのため、良い論文を書く〝非常識人〟を採用してしまうことがあるのです。

企業では、仮に採用をまちがえてトンデモ社員が誕生しても、メイン業務に支障を来《きた》さない部署に配置すれば、給与分だけの損ですみます。しかし、大学でトンデモ教授を採用してしまうと、教授会が大混乱してしまいます。

採用に関するリスクは、トンデモ教授だけではありません。複数の大学に願書を送っている候補者の場合、採用通知を出しても直前に「内定辞退」をされてしまうことがあります。そうなると、来年度の講義計画が狂ってしまいます。場合によっては、文科省の定める基準（学生数と教授数の比率など）を満たせなくなったりしかねません。

これらのリスクを避けるため、教授会では「次はこの分野の教授を採用したいが、本学に来てくれそうな人を知らないか？」といった会話が交わされます。そうでなくとも、応募書類の選考過程で「この候補者は知っているが、トンデモ教授にはならないでしょう」と誰かが発言してくれるだけで大きなメリットとなります。

これは「コネ採用」と呼ばれることもあるようですが、「本当は雇いたくないのに、取引先の幹部の子息を採用せざるを得なかった」とは異なり、「雇いたい人を適切に選ぶためにコネやそれに伴《ともな》う情報を活用した」わけで、好ましい努力の1つと言えるでしょう。

むしろ、コネを持たないほうが問題かもしれません。というのも、応募者が書類選考を通り、面接も無難にこなしたあと、現在の職場に応募者の性格などを問い合わせる大学があるからです。大学教員が他大学に移るということは珍しくありませんし、「○○教授は他大学のポストを探しているらしい。他大学から教授の性格等について問い合わせがあったから」といった話が広がっても、大学では大きな問題にはなりません。

しかし、これは企業人にとっては致命傷となりかねません。ヘッドハンターが候補者の情報を勤務先に漏《も》らすなどということは絶対にあってはならないのですが、大学の採用担当者はそのような常識を持っていない人もいます。だから、コネは重要なのです。

候補者の立場に話を戻しましょう。このように、大学教授になる王道を歩むには大変な苦労が必要であり、しかも成功するとは限りません。もちろん、大学教授になるメリットの大きさを考えてコストとリスクを物ともせず突き進むこともあるでしょうが、王道以外の道も選択肢の1つです。ご紹介しましょう。

社会人大学院というルート

大学教授になる準王道が、大学卒業後に就職をして社会人大学院に通うことです。これは仕事と研究を両立させるという大変厳しい選択肢ですが、リスクもコストも格段に下がります。まず、はじめから研究者を目指して残業の少ない就職先を選び、若いうちから社会人大学院に通うケースから見ていきましょう。

修士課程と博士課程には原則、合計5年間通う必要があります。そのうち、修士課程は実際に大学に通う必要がありますが、夜間や週末に講義を受ける社会人コースが設置されている大学も多いです。

また例外的ではありますが、修士号がなくても修士号取得者と同等の実力があると見なされれば、博士課程の入試を受けさせてもらえる場合もあります。その基準は各大学によって異なりますが、最近は大学間の学生獲得競争が激しく、ある程度の実務経験あるいは独学で書いた論文があれば、入学が認められるかもしれません。

博士課程は、指導教員とのメールのやりとりで指導を受け、実際に大学に行くのは数回だけという大学もあるようです。これらのことは、試験前に指導をお願いしたい教授に挨拶に行き、話を聞いてくるとよいでしょう。

次に、企業人としてがんばるが、だめだった場合に社会人大学院に通って大学教授を目指すケースです。

企業人が自分に向かないと気づいた場合、退職して大学院に入学する人も多いですが、リスクを避けるためには企業人を続けながら社会人大学院に通うという選択肢を検討しましょう。

社内の出世競争に敗れて〝窓際族《まどぎわぞく》〟になってしまった場合、大手を振って社会人大学院に通いましょう。それによって大学で職を得て会社を退職することになれば、会社としても喜ばしいことですので、応援してくれるかもしれません。

社内では順調に出世コースに乗っているが、所属する会社自体が傾いてしまった場合も、社会人大学院は選択肢になるでしょう。

論文を独学で書くことの是非

大学院に通わずに、独学で論文を書くという選択肢もあります。査読つきの学会誌などに掲載されたり、学会で発表して実力者の目に留まったりすれば、博士号がなくても「一本釣り」で大学教員になれる可能性があります。

ただ、独学で論文を書くことは相当大変です。前述のように、論文には作法がありますし、先行研究等についての指導教員からのアドバイスも必要だからです。そこまでして論文を書いても大学教授になれる可能性は相当低いでしょうから、お勧めはしません。

　ちなみに、文系の場合は難しいかもしれませんが、理系の場合には、会社の研究所で行なった研究を論文にまとめて発表することができるかもしれません。理系の大学教授のなかには、企業の研究所に在籍していた人が数多くいますので、可能性はあると思われます。

大学にとって利用価値の高い人間

　ここまで述べてきたように、とにかく論文を書いて研究業績を挙げることが大学教授になる王道、および準王道です。採用の決定権は教授会にあるわけですから、教授たちが立派だと思う人＝研究業績のある人が選ばれるのは当然です。学生のためになる、世の中にとって役に立つ人であるか否か、という評価基準は重要視されません。

　そうは言っても、例外はあります。大学は現在、少子化のなかで生き残りを賭けた闘いを強《し》いられており、そのために必要な人なら、研究業績が多少劣っても採用するケースです。たとえば、文科省とのパイプを作るためにキャリア官僚のＯＢ・ＯＧを大学教授として受け入れたりするようなことです。

一定の業界で十分な経験を積んだ人を大学教授として雇うこともあり得ます。たとえば、旅行会社でさまざまな経験を積んだ企業人を招聘《しょうへい》して、「観光論」を教えるようなことは十分考えられるでしょう。

筆者も、銀行で経済調査の仕事に長年従事していたことで、例外的に論文がなくても大学教員になることができました。筆者の頃は本当に例外的だったようですが、文科省は近年、実務家教員を増やそうとしているようですから、追い風になるでしょう。可能性を信じてトライしてみてもよいかもしれません。ただし、あくまでも過大な期待を抱かないように。

また、有名人を雇うことで、大学の知名度を上げようとすることもあります。マスコミ露出の多い評論家などを教授にすれば、その人が画面に出るたびに大学の名前が流れますから、知名度上昇の効果は抜群です。給与は宣伝費だと考えれば安いものでしょう。口の悪い人は、これを「大学教授の人寄せパンダ枠」と言っています。

ところで、真偽のほどは定かではありませんが、毎朝、教職員が正門前に整列して理事長の出勤をお迎えする私立大学の話を聞いたことがあります。つまり、理事長が圧倒的な力を持っているのです。そうした大学では理事長に気に入られれば、教員として採用されることもあるでしょう。問題は、理事長にどうやって気に入ってもらえるか、ですが……。

非常勤講師を経験しておこう

「大学で教える」だけなら、非常勤講師という手段もあります。ただし、企業において正規社員と非正規社員が違うように、大学教授と非常勤講師はまったく異なります。非常勤講師はアルバイトですから雇用の保証はなく、給与も高くありません。それでも、「大学で教えた」という実績にはなります。

大学教員を目指す若手研究者が「研究だけでなく、教育の経験もあります」と言えるために非常勤講師をすることも多いですし、「うまくいけば勤務先で教員として採用してもらえるかも」という淡《あわ》い期待を持っている人もいます。狭き門なので、すこしでも可能性があるならやってみよう、ということでしょう。

そうであれば、企業人が博士号を取ったあと、あるいは博士課程在学中に非常勤講師をすることも選択肢の1つです。非常勤講師なら、博士号を持っていなくても採用されることが多いようですから。

では、非常勤講師になるにはどうすればいいのでしょうか。教授については公募が普通ですが、非常勤講師を公募することは稀です。教授会で「この科目の非常勤講師を探しているのですが、どなたか心当たりはありませんか」という会話のなかで決まることが多いようです。ですから、多くの大学の教授たちに「非常勤講師をやってみたい」という意思表示をしておくことが大切です。

ちなみに、大学教授がアルバイトで、他大学の非常勤講師として教えている例は多いです。企業人も、定年後の社会貢献と自己実現、および老化防止のために非常勤講師として教えることはとても良いことです。実務家教員の枠が教授より非常勤講師のほうがはるかに広そうですから、トライしてみてはいかがでしょうか。

出来レース

大学教員の公募は専門分野にもよりますが、かなり多いです。しかし、前述のように高倍率であり、さらに形式上は公募でも、大学側が採用する人物をあらかじめ決めている〝出来レース〟も多いと聞きます。ですから、とにかく数多くの願書を出しましょう。「何十件も願書を出して、ようやく仕事にありついた」というのが実情です。

問題は出来レースだけではありません。A大学の老教授が定年で引退し、B大学の教授が転籍し、B大学が穴埋めのために教授を公募し、それにC大学の教授が応じる——といった玉突きの異動もかなりあるため、公募の数は多くてもポストの数は1つだけ、といったこともあります。

願書は数多く出すだけではありません。条件の悪いところにも出しましょう。たとえば、合格したら単身赴任の覚悟が必要ですが、全国津々浦々の大学に願書を送りましょう。他の大学で教えているということは採用側に安心感を与えます。ひとたび大学教員のインナーサークルの一員になってから転籍するほうが、最初から自分の住む地域の大学に的《まと》を絞って応募するよりも有利です。

特に、企業人が大学に転じようとする場合には、大学側の事情がわからずに無駄な努力をする場合もあり得るので、気に留めておいてください。

ちなみに筆者の場合は、大学の事情を知らずに無駄な努力を繰り返したあと、自宅から遠く離れた久留米大学に就職しました。その後、東京の大学に転籍するつもりだったのですが、そのためには研究論文を数多く書く必要があることに気づいたため、そのまま久留米大学に勤め続けることにしました。単身赴任の辛《つら》さより、論文を書く辛さを避けたわけです（笑）。

書いたら忘れる、そしてまた書く

教員募集は応募開始から締め切りまで数カ月あり、提出してから面接までの期間も長いのが普通です。たとえば、中学入試は翌日か翌々日に結果発表になることが多いですし、大学入試でも長くて2週間程度です。それらと比べると、時間感覚が非常にゆっくりしていると感じます。応募者としては早く結果が知りたいところですが、大学にすれば、そもそも提出された願書の採点は急ぐ仕事ではなく、優先順位が低いのです。

仮に、大学が急ぐ仕事だと判断したとしても、やはり時間はかかるでしょう。企業であれば、上司から「急ぎの仕事だから」と言われると何としても期日までに仕上げなければなりませんが、大学では学部長にも人事権がないので、提出された願書の採点を頼まれた教授が「忙しいから1カ月後にしてほしい」などと言うことがよくあるのです。

さて、応募者としては早く結果が知りたい、と述べましたが、そうした感情は次第に薄れていくようです。大学の事情を知って「どうせ時間がかかるのだから」とあきらめるだけでなく、次から次に応募するため、いちいち気にしていられないのです。

実際、何十通も願書を出して1カ所採用されるか否かですから、願書を出したら忘れて、次の願書を書く、また忘れて次の願書を……の繰り返しです。結果を気にしていると疲れるし、ストレスになりますから忘れましょう。面接の呼び出しがあれば、その時に思い出せばよいのです。

とにかく数多く受けることが重要です。倍率は高いのですから、合格通知が来る確率は低いのは当然です。不合格通知を受け取るたびに落ち込んでいては、精神的に参ってしまいます。

宝くじが外れても、落ち込む人はいないでしょう。それと同じことで、最初からあまり期待しなければよいのです。期待しすぎるから落胆が大きくなるのです。

筆者の記憶では、昔の受験参考書に「人間は忘れる動物である。忘れる以上に覚えることである」とありました。それに倣《なら》えば、「大学教員志望者は落ちる動物である。落ちる以上に受けることである」ということになるでしょうか。落ちても落ちても落ち込まずに、応募を続けましょう。

第5章

大学改革・私案

大学を変えるには

本章では、筆者の大学改革案を記します。実現の可能性はともかく、この改革案を見ることで、大学の本質をご理解いただけるでしょう。

大学教授の仕事は、前述のように「研究」「教育」「学内行政」ですが、3つとも得意な人は少ない、いやほとんどいません。ですから、この3つを3者に分けるべきだと筆者は考えています。具体的には、学内行政に関しては事務職員に任せ、大学教授を研究者と教育者に分けるのです。研究者は大学ではなく研究機関に所属し、教育者は大学に所属して学生の指導に専念します。

研究機関は収益性を求めるべきではないので、税金で運営する国立研究所がよいでしょう。国立研究所はすべての国立大学に作る必要はなく、全国に数カ所あればよいのではないでしょうか。そして大勢の研究者が1カ所に集まり、教育や学内行政に忙殺されることなく研究に没頭して、おたがいに切磋琢磨するのです。

これは、研究者の人数だけを問題にしているのではありません。各大学に研究者がいる場合、大学の閉鎖性のために研究者間の意思疎通が滞《とどこお》り、研究の重複や類似が進行する可能性が高いのです。しかし研究者が数カ所に集約されることで、誰がどこで何の研究をしているのかおたがいにわかるようになり、共同研究等の可能性も広がるでしょう。

また、各大学に研究者がいると、各大学が立派な図書館を建設して多くの蔵書を持つことになります。しかし、数カ所の研究所に図書館を集約すれば、重複する本は不要になりますから、コストも浮きます。

大学というものができた頃、大学は研究者が研究していることを学生が学ぶ場所でした。つまり、研究者は教育者でもある必要があったわけです。今でも理系は研究室で教授と学生が一緒に研究をしていますから、分離は難しいでしょう。しかし、現在の文系（学部）は、研究者は狭く深く自分の研究分野を研究するいっぽう、学生は広く浅く学ぶわけですから、研究者が学生に対して教える必要はありません。

たとえば、「室町時代の貨幣制度」について研究している学者が「金融論」を講義するといったことが広く行なわれています。しかし、これは教授にとっても、学生にとっても幸せなことではありません。

これは「室町時代の貨幣制度」と「金融論」という、内容の違いだけではありません。

レベル的な問題もあります。通常、研究者の研究の内容を理解する学生はあまりいないでしょう。難関大学で研究論文を読むのが好きな学生は理解できるかもしれませんが、それはあくまで例外であり、例外的な学生を対象とした講義をすべきではありません。そうであれば、研究者が自ら教壇に立つ必要はないわけです。

大学を企業人養成機関と捉えるならば、研究者が論文の書き方を指導する必要もありません。論文は「作法」に従って執筆されるべきもので、一般的なビジネス文書とはまったく異なります。研究者になることを考えていない学生に、論文の作法を覚えさせる必要はないでしょう。

日本の文系大学は明治時代、東京大学法学部が官僚養成学校として設立されたように、本来は研究者養成を目的としたものではないはずです。にもかかわらず、研究者が学生を指導すると、どうしても研究論文の書き方を教えたくなってしまうわけです。ちなみに、東大法学部には卒業論文はないはずです。久留米大学商学部には卒業研究はありますが、卒業論文はありません。東大法学部と同じです（笑）。

大学院の数を減らす

研究者が学生を指導する問題は、もう1つあります。優秀な学生に研究者になるように勧めることです。研究者の価値観では、優秀な人間は大いに論文を書くべきだということになるのでしょうが、それは世間の価値観とは大きく異なっています。

研究者を目指す人、研究者に向いている人はいいですが、単にまじめで成績が優秀だからという理由で大学院への進学を勧めることは、学生の幸せに繋がるとは限りません。日本では、文系の大学院を修了すると一般企業への就職は学部卒よりも難しくなる場合が多いですから、優秀な企業人の卵たちをビジネス界から遠ざけてしまう可能性もあります。

現在のように、各大学が博士課程を備えて定員を満たそうとするから、博士課程の学生や博士号取得者が増えるわけです。その結果、博士号を取得しても大学教員になれずにアルバイトをしながら願書を書き続けるポスドクが増え続けることになります。しかも、博士課程を維持するためには膨大な予算を必要とします。

教授たちは「博士課程のある大学で働きたい」などと、博士課程や博士号をきわめて重要なものと考えています。また、博士課程の有無が大学の格を決めるとすれば、教授が博士課程の学生を指導しているか否かが教授の格を決めることになります。そして、教授が博士過程の学生を指導したいから博士過程を設けるということに繋がっていくのです。

教授が博士課程の学生を指導したがる理由は他にもあります。博士課程の学生が集めた膨大なデータを利用することです。

たとえば、教授が学生に「アメリカで○○があった」という論文を見せて、「日本でも同じようなことがあるか否か、データを集めて博士論文を書いてはどうか」と提案します。すると学生は、日本に関する膨大なデータを集めて、「汗で書く」わけです。その後、教授は「日米比較をするから、そのデータを使わせてくれないか」と聞き、教授が単独で論文を書く、もしくは博士号を取得した教え子との共同研究で共著論文を書くことになります。

この状況を変えるには、大学が「博士課程を設けない」と決めればよいだけです。日本が必要とする研究者の数はそれほど多くないですから、すべての大学に大学院がある必要はないでしょう。全国に数カ所ある国立研究所の付属機関として研究者養成機関である大学院を置き、研究者の卵として研究者たちと共に研究をするイメージです。

もちろん、研究者の卵がすぐに研究できるわけではないので、研究者たちの指導が必要です。その意味では研究者は教育しないと述べましたが、研究者の卵を指導しなければなりません。研究者の卵の指導は研究者にしかできないことであり、教育機関としての大学で教育に従事する教育者にはできないことです。

では、学生に対して大学院に行くか否かの判断材料をどのように提供するべきでしょうか。

大学生は大人ですから、「自分で考えろ」と突き放すこともありでしょう。たとえば学生たちは、銀行員はどのような仕事をするのかを誰からも教わらないのに、銀行に就職したいと考えて採用試験を受け、「なぜ銀行に入りたいのか」という志望動機まで言わされます。それなら、銀行に入りたいのか、研究者になりたいのか、学生が自分で研究して決めればよいわけで、大学が判断材料を与える必要はないでしょう。

もっとも、研究者が大学に勧誘に来るのはかまわないと思います。企業や官庁に入ったゼミやサークルの先輩が「酒を奢《おご》ってやる」と言うので、就職先の話を聞きながら酒を飲んだという経験は、多くの学生がしているはずです。同様に、研究所の研究者が学生にランチをご馳走しながら、研究生活のすばらしさについて語ってもいいでしょう。

また、大学のカリキュラムに「研究論文執筆演習」という科目を設け、研究所の研究者が非常勤講師として教えに来てもいいかもしれません。受講生のなかで優秀な学生がいたら、研究者が勧誘することも許されるでしょう。

そうであるならば、「金融産業実務演習」などの科目を設け、金融機関から非常勤講師を招いて金融実務（住宅ローンの勧誘、融資に際しての借り手の信用力審査など）を教えることも選択肢ですね。ただ、かえって銀行志望者が減ってしまうかもしれませんが（笑）。

研究者として生きる

研究者と教育者を分けると、研究者は研究者養成機関である大学院を出て博士号を取得し、研究者になって、学問の発展に寄与することが使命となります。彼らは国立研究所の研究員として税金から給与を受け取ることになるわけです。

今の大学では、教授は研究者としての仕事分は税金から、教育者としての仕事分は授業料から給与を得ているということなのでしょうが、それを明確化するのです。大学教授は教えるのが仕事であるから給与は授業料から受け取り、研究者は給与を税金から受け取る、ということにするわけです。

ちなみに、大学院は学生数が少なく、大学院の学生からの授業料だけで教授の給与や研究費を捻出することは絶対に不可能ですから、研究者の給与は、国立研究所として公務員の給与体系のなかで支払われるわけです。

そうなると、税金で彼ら・彼女らの給与と研究費を負担することになりますから、税金の使い道として「日本国民の役に立つ」ということが必要になってきます。

大学から研究所への移籍によって、「役に立つ」という価値観が乏しい現在の研究者たちに、税金で雇われているという認識を明確に持ってもらい、税金の使い道として自分の研究が相応しいか否かをしっかり考えてもらう機会になることを期待します。

本来であれば、現在でも研究者たちは給与の一部が税金から支払われていることを意識するべきなのです。少なくとも、文科省・日本学術振興会による競争的研究資金、すなわち科学研究費助成事業（科研費）については、「役に立つ研究のみ」という条件をつけることが必要かもしれません。もっとも、文科省が「役に立つ研究」を定義しなくてはならず、何の役に立つのか、結論を導くのは相当大変でしょうが。

教育者として生きる

次に、教育者について考えてみましょう。大学における教育者の役割とは何でしょうか。

学部を企業人養成機関と捉えれば、優秀な企業人を育てることになります。そのためには理論を教えるより、思考させることが大切です。「数学の定理を覚えさせるのではなく、定理の導き方を教えることで考える訓練をさせる」イメージです。

筆者は、高校までは知識の習得が重要で、大学では論理的に考える訓練が重要だと考えています。学ぶ対象が法律であれ、経済であれ、文学であれ、知識や知識量に価値があるのではなく、それを学ぶ過程でさまざまなことを考えて頭の訓練をすることが大切です。

また、考えることだけでなく、考えたことを他人に説明する訓練も必要です。自分でわかっていることと、それを他人に伝えることは別だからです。自分が考えたことを理路整然と答案用紙に文章化することも大事ですが、それ以前に「自分はわかっているけれども相手はわかっていないこと」を過不足なく伝えることが重要なのです。

筆者はゼミで「ドラえもんを知らない外国人にドラえもんについて説明せよ」という課題を出していました。学生の多くは「ネコ型ロボットで腹部にポケットがあって……」と説明しますが、もっとも重要なことが抜けている学生がいます。それは「実在していない」です。これを言わないと、「日本には魔法使いロボットが存在する」という誤った噂が海外で広まりかねません。

現在、考える訓練・伝える訓練をできる教育者はあまり多くないですが、大学教員を「研究者でも事務職員でもない、純粋な教育者」であると定義して、各自がそれに相応しい人材になろうと努力すれば、できないことではないはずです。

筆者は、大学での17年間、そうした教育者になろうと努力して、ある程度の成果は挙げたと自負しています。筆者の講義内容の一部を巻末に付しましたので、ご笑覧いただければ幸いです。

改革に立ちはだかる壁

教授を研究者と教育者に分けて研究者は研究機関の所属に移籍させ、学内行政は事務職員が担当するという私案を記しましたが、2つの大きな問題があります。

1つめの問題は、ほとんどの教授が研究者を選ぶことが予想されることです。教授の大半が研究所に移ってしまうと大学が成り立ちません。しかし、教授の一部を無理矢理、教育者にさせようとすると、猛烈な抵抗を受けて改革が実現しないかもしれません。

そもそも、大学は原則として自治によって運営されている共同体であり、外部からの圧力で変化することが困難です。株式会社であれば、株主には会社を変えるインセンティブがあり、経営者は株主の意向に従う義務がありますが、大学には株主がいませんし、文科省も基本的には大学の自治を尊重しているようですから。

共同体の自治においては、「現在」のメンバーが「未来」を決めますから、「変化」を嫌います。教授会の圧倒的多数を占めている教授たちが研究者を希望するなら、大学を教育機関に改変するという改革案に賛成しないでしょう。

もう1つの問題は、教授の教育能力です。教授の一部が研究者になって転出していくと、残った教授で教えなくてはならないので、専門以外の担当がさらに増えます。たとえば、「室町時代の貨幣制度」を研究している教授は、「金融論」だけでなく「銀行論」「国際金融論」を担当するようになるのです。専門外の科目を幅広く教えることは、教員にとって相当なストレスになるでしょう。

これは、学生にとっても不幸です。教授にすれば、慣れない科目を一通りの内容を理解して講義するだけでも大変でしょうから、筆者の理想とする「考えさせる講義」などとうてい無理でしょう。学生たちはレベルの低い講義を受けることとなります。

妥協案

考えられる案は国立の研究所を作り、現在の大学教授の希望者を全員受け入れ、教育者を新しく雇うことです。既得権者が反対して改革が進まないのであれば、既得権者を優遇することで改革を推進しようというわけです。

莫大なコストがかかりますし、割り切れない気持ちは残りますが、改革しなければ既得権者がそのまま既得権を持ち続けるだけですから、永遠に変わりません。まずは「変化する」ことを優先するのです。もちろん、この案では研究所の人数が多すぎます。しかし幸か不幸か、教授陣は比較的高齢の方が多いので、しばらく待てば定年退職によって人数は減っていくでしょう。

そもそも、教授陣に高齢者が多いことが問題なのです。これは、社会の流れに沿って教授の定年を延長したけれど、教授の定員は増えなかったので、新しく若い講師や准教授等を採用することができなかったことによるものです。研究者は若年のほうが精力的な研究ができる確率が高いですから、高齢者が多いことは弊害になります。

教授陣に高齢者が多いことには、もう1つ問題があります。「少子化が進むなか、大学を改革しなければ、定員割れをして倒産する可能性がある」という危機感を持つ教授が少ないことです。危機感があれば、既得権を放棄してでも大学の生き残りを図るでしょうが、「自分が退職金をもらうまでは大学は潰れない」と思っている老教授は改革に反対することが多いのです。

改革案を受け入れる可能性があるのは、若いワンマン理事長が君臨する大学です。理事長が、「今後は研究者を採用しない。実績を挙げた企業人や予備校の講師など、学生のニーズに合ったことを教えたり、教えることが得意だったりする人を教授に迎える」と言うことです。それによって高校生が魅力を感じる教育を行なえば、少子化でも大学は存続できるでしょう。筆者もお招きいただければ、非常勤講師として微力ながら協力する用意はあるのですが、こうした大学が登場するか否か、過大な期待は禁物です。

大学が教授会という共同体によって運営されているということの問題は、既得権者としての教授個人の権利が守られるだけではありません。彼らが定年などで退職し欠員の補充が行なわれる際、教授たちの価値観が強く反映されます。つまり、同じような価値観の教授が再生産されるわけです。教授たちが人間の価値は論文の数で決まると考えているならば、新しく採用される講師や准教授も研究者的な人になるでしょうし、研究内容も「役に立つ」という価値基準では判断されないでしょう。

たとえば、経済学は「マルクス経済学」と「近代経済学」の２つに大きく分類されています。ソビエト連邦が崩壊するまでは、前者を研究したり学んだりすることが重要と考える人も多かったわけですが、今では少数派でしょう。少なくとも、企業などビジネスの世界では通用しません。

しかし、世間では少数派であっても、教授会で多数派であれば、欠員の補充に際しては「近代経済学」よりも「マルクス経済学」の研究者が選ばれる可能性が高いのです。時代が変化しても、変化前の教授陣が再生産されていくわけですから。

もちろん、「マルクス経済学」でも、学生の考える能力を引き出すような講義をしてくれる教授ならば筆者はかまいませんが。

実学志向だった恩師

筆者は大学時代、法学部に所属していましたが、経済学部のゼミを聴講していました。その内容は「教授が興味深いと思った論文をゼミ生の人数分だけコピーして皆で読み、内容について理解を深め合う」というものです。最新の研究論文を読むことで、経済学の発展過程を垣間見ることができたわけです。

経済学の教科書を読むだけではとうてい知ることができない世界で、とても興味深いものでした。教授自身も「子供の質問は怖い」と同じく、〝素人《しろうと》（われわれ学生）〟の質問にハッとさせられることも少なくなかったようで、「教授のためにもなっていたのだろう」

と学生ながら勝手に解釈していました（笑）。

ちなみに、担当教授は学部のゼミでは研究者を育成する意図はまったくなく、「研究者の育成は大学院の仕事」と割り切っておられるようでした。したがって、「注と参考文献が大事だ」など論文の作法はいっさい指導されませんでした。

大学の学園祭では、論文集に各自が論文を発表したのですが、特段の指導もなく、各自が思い思いに〝論文らしきもの〟を書いただけでした。形式より内容の勝負だったわけで、筆者にとっては有意義な経験でした。研究者になるつもりがなかった筆者には、好都合だったわけです。

なお、前述した「研究論文執筆演習」は、筆者の経験したゼミとは異なり、受講生を「研究者を目指すか否か検討中」の学生に絞り、論文の作法なども垣間見ることができる講義を想定しています。そうでないと、研究者になることがどういうことなのか、理解しないままに「最先端の経済学は面白い」と考えて、大学院に進学してしまう学生が出るかもしれませんから。

第6章

大学生を勉強させる方法

厳しい大学には、学生が集まらない

大学がレジャーランドだと言われて久しいです。これは、筆者が学生だった40年前から言われていました。実際、大学生はあまり勉強しなくても卒業できるため、サークル活動やアルバイトに勤《いそ》しみ、それ以外にも趣味などに忙しく、勉強していない学生も少なくありません。

勉強していなくても、就職活動などでよく聞かれる「学生時代に力を入れたこと（ガクチカ）」がしっかりしていて、それによって人間的に成長したのであれば、目くじらを立てる必要はないかもしれませんが、そういう人は少ないようで、勉強も勉強以外の活動もそこそこ、すなわち中途半端で、気がつくと就職活動が迫り、急いで「ガクチカ」を考えることが多いようです。こうした状況は、なぜ変わらないのでしょうか。

それは、大学が学生獲得競争をしているからです。つまり、卒業基準を厳しくすると、「あそこは入りやすいけれど、卒業が大変」と高校生たちに敬遠されてしまうからです。これは大学レベルでも教授レベルでも同様です。たとえば筆者が単位認定を厳しくしたとして、「塚崎教授のゼミ生はよく勉強しているから採用したい」と企業が言ってくれればよいですが、その前にゼミ生が0人になってしまっては元も子もありませんから。

学生にすれば、厳しい大学、あるいは厳しいゼミに入れば、サークル活動や趣味などを控えめにして勉強せざるを得ませんが、その苦労が報われる保証はありません。特に1期生は、自分が優秀であるかを企業の採用面接で示すことは容易ではないでしょう。1期生が集まらなければ、「卒業生は優秀だ」という評判も立たず、2期生も集まらないという悪循環に陥りかねません。

これが高校であれば、ある時から厳しく指導することで生徒が難関大学に多数合格すれば、3年後からは優秀な中学生が受けてくれるでしょうから、優秀な生徒が集まり、さらに進学実績が良くなるという好循環が期待できますが、大学の場合はそうはならないのです。

大学生を勉強させるのは至難の業

そもそも、大学の講義はつまらないものが多いです。だから学生が勉強しないのです。

この「つまらない」には、「聴いていて退屈」と「役に立たない」の2つの意味があります。教授はあくまで研究者ですから、予備校の講師のような話術がないのは当然ですし、企業人のように学生の役に立つ話ができないのも仕方ありません。

深刻なのは、こうした状況を改善しようと真剣に考えている人が誰もいないことです。教授が「自分より予備校の講師に教えてもらったほうが学生は勉強するだろう」と考えたとしても、それでは自分が失業してしまうので、黙っています。教授会の自治で運営されている大学では、「講義内容を改善せよ」とのプレッシャーはかからないのです。

教授の価値観では「人間の価値は論文で決まる」わけですから、論文執筆経験のない予備校の講師は、人間としての価値が劣るわけです。たとえ教え方が上手だとしても、そのような人間に講義をさせることは学生に失礼だ、という発想になるのかもしれません。

それでも、講義内容がつまらないと学生から苦情が来たら、工夫するのでしょうが、そのようなことはほとんどありません。学生は面白くないから勉強しないだけです。いや、面白くても勉強しないのだから、どちらでもよいということかもしれませんが……。

授業料を負担している保護者はどうでしょう。わが子に単位をくれれば、文句は言いません。大事なのは、わが子が卒業証書を獲得することですから。

文科省は「有意義な講義をしろ」と言うかもしれませんが、大学が「努力しております」と返事をすれば、わざわざ調べに来ることはありません。

教授に面白い講義をしてほしいと思っているのは、企業かもしれません。企業は、教授が面白い講義をすることで学生が興味深く聴き、頭の体操をしてくれれば優秀な企業人予備軍が育つかもしれないと考えるわけです。しかし、企業が望んでも大学へのプレッシャーとはならないことを知っている企業は、無駄な努力はしません。この点については、後述の筆者の案が解決策となるでしょう。

なぜ企業は成績を重視しないのか

企業が採用に際して成績を重視するようになれば、学生も勉強せざるを得ません。なぜ、企業は学生の成績を重視しないのでしょうか。

それは、大学の勉強がビジネス現場で役に立たないため、良い成績を収めた学生を採用するインセンティブが働かないからです。教授たちが行なっている、教科書の知識を暗記させるような講義ではたとえまじめに勉強しても、企業人として必要な能力は身につきません。

そうは言っても、まじめに勉強した学生は誠実な性格であることは推定できると思うのですが、それが有効とは言えないようです。

学生のほうも、企業が成績を見ない＝就職の役に立たないことを承知しており、そのため勉強しない。その状態では、大学の成績が学生の能力やまじめさを反映していないと考える企業はさらに成績を見なくなる、という悪循環です。そして、多くの企業が学生の成績よりも「ガクチカ」を優先する。これでは、学生が勉強するインセンティブが働きません。サークル活動のほうが楽しいですから、勉強しないことは自然の流れなのです。そのような時に、1社だけ学生の成績に注目したとしても、まじめな学生が採用できるとは限らないでしょう。

筆者の学生時代の話をしましょう。筆者の大学では就職に際し、企業は教養科目の成績を見ずに専門科目の成績だけを見るのが常《つね》でした。そのため学生たちは、専門科目はまじめに勉強しても、教養科目は手を抜きます。そうなると、企業は教養科目の成績を見ても仕方がないので、ますます見なくなっていきました。

筆者の経験では、手を抜いたのが教養科目だけでしたが、同様のことがすべての科目について起こっているのが現在の大学なのかもしれません。そうだとすれば、残念なことですね。

企業としては、学生がまじめか否か、まじめに勉強すれば良い成績を取れる地頭の良さを持っているか否かを知りたいわけです。それは、本来なら大学の成績を見るべきところを、それが使えないので、次善の策として入学試験の成績を重視する。つまり、大学の偏差値を見るわけです。

高校時代は入学試験の勉強、大学時代は「ガクチカ」の確立、これらが就職に有利であることを学生が知っているとすれば、優秀な学生はその通りに努力するでしょう。こうして、企業は大学の偏差値と「ガクチカ」を見るようになる。そうなると学生はいっそう勉強しなくなるという悪循環です。

ちなみに、就職のために学生が行なう勉強としては、就職試験で出題されるペーパーテスト対策があります。これは、つるかめ算など基礎的な学力を見るための試験であり、面接試験に進む「足切り」に使われることもあります。学生としては、これらを勉強することが就職に有利であると知っているわけですから、必死に勉強します。

企業としては、これも有益な選別手段なのかもしれません。それでも勉強をしないような学生は入社後の仕事も真剣にやらないだろう、という推定が働き得るからです。ただ、大学としては、学生たちに「金融論の勉強よりつるかめ算の勉強を優先しなさい」とも言えず、苦しいところではあります（笑）。

大学1年生に内定を出す

大学生と社会人では顔つきが違います。筆者のところにゼミの卒業生が時折訪ねてくるのですが、学生時代の緩《ゆる》んだ表情とはまったく異なる、引き締まった表情に変わっています。企業が短期間で社員を鍛えることがよくわかります。なぜ企業にはできて、大学にはできないのでしょうか。

それは、すべての企業が厳しいからです。もし大学が単位認定などを厳しくすると、学生は他大学に逃げてしまいますから、厳しくできません。しかし、企業はどこも厳しいので、社員が他企業に逃げないのです。それ以前に、社員教育の甘い企業は顧客が逃げてしまうでしょう。

日本の大企業のなかには、費用を負担して海外の大学に社員を留学させるプログラムを持っているところもあります。実際、筆者はそれを利用してアメリカのビジネススクールに留学しました。その時に痛感したのですが、企業派遣の留学生はよく勉強します。

もちろん、講義が英語など外国語で行なわれ、また日本の大学と異なり単位認定が厳しく、勉強しないと講義についていけないということもあります。しかし、それ以上に、企業で鍛えられて心身が引き締まり、加えて留学中の成績が人事考課に影響する。つまり、仕事として勉強しているからです。

そうだとすると、企業が大学受験直後の高卒見込者を採用して一定期間、仕事で鍛えてから大学に「留学」させるということが考えられます。大学入学後、すぐに大学を休学して3年ほど企業で働き、それから企業を4年間休職して大学に通うのです。「留学」と言っても海外の大学である必要はなく、国内の大学に普通に通わせればいいでしょう。

大学の成績を見ずに学歴で学力を判断するのであれば、大学入試が終わった段階で採用してもかまわないはずです。採用面接で「ガクチカ」は聞けませんが、大学に留学させる際に、勉強も「ガクチカ」も努力するよう伝えれば、引き締まった心身でがんばるでしょう。

また、企業が学費を留学生に貸与すれば、金銭的理由で進学できない人も大学に通うことができますし、勤続年数に応じて返済を一部免除することにより、社へのロイヤリティも高まると同時に学位取得後の転職を押しとどめる効果も期待できます。

ただ、大学入試の結果が出てから入学までの期間が短いため、その間に企業が採用活動を行なうことは難しいかもしれません。そうであれば、1年生の秋に面接を行なって採用し、1年次を終了後に休学させて3年ほど働かせ、その後、3年間休職して大学に通うという選択肢が考えられます。

もし、大学が休学中の授業料を免除してくれない場合は、大学1年生の時に内定を出し、授業料も貸与したうえで、卒業後は入社して10年以上勤務したら授業料の返済を免除することにすればいいでしょう。これだと数年間鍛えてから、というわけにはいきませんが、たとえば夏休みに長期アルバイトで鍛えるということもできるでしょうし、加えて内定先からしっかり勉強するようにプレッシャーをかけられている学生は努力せざるを得ません。

現状、大学3年生に内定を出すと4年生では勉強しなくなると言われますが、逆転の発想で、内定を出してから学生にプレッシャーをかけるわけです。ぜひとも、企業の人事担当者はこの案を検討していただきたいと思います。

最大の問題は前述の通り、大学の勉強が企業人として役に立つのか、です。そこで重要なのは、企業が内定を出す際、大学を偏差値だけで見るのではなく、企業人養成機関として優れているか否かをしっかり見ることです。さらに各教授をしっかり観察して、たとえば「塚崎ゼミに入って物事を論理的に考える能力を鍛えてもらいなさい」など、具体的な指示を出せればさらにいいでしょう。理想は、「難関大学に合格したうえで久留米大学に入学して塚崎ゼミで学んでいる学生」を企業が積極的に採用することですね（笑）。

多くの企業がこうなれば、大学も変わります。企業に選ばれないと学生数が減ってしまうからです。少なくとも、若い教員たちは真摯に捉えるでしょう、たとえ定年間近の老教授が変わらなくても。

教養科目は不要か

さきほど、筆者の学んだ大学では教養科目の成績は重視されなかった、と述べました。このことが影響しているのか、筆者の大学の卒業生のなかには、「教養科目は役に立たないから、大学で教える必要はない」と考える人が少なくありません。

これは学生時代の記憶がそう思わせているのでしょうが、教養科目が就職に役に立たないことと、教養科目が人生で役立たないことは同じとは言えません。

企業が教養科目の成績を見なくなった経緯が、ビジネス現場に教養科目は不要だからということであれば、企業人として教養科目は不要かもしれませんが、筆者に言わせれば、教養科目か専門科目か、あるいは科目が何かより、教授が学生に考える訓練をさせているか否かのほうが重要です。

いっぽう、企業が教養科目の成績を見なくなった経緯が「慣性の法則」だとすれば、国際会議が英語で行なわれているのと似ているのかもしれません。

というのも、国際会議が英語で行なわれているのは、英語が優れた言語だからであるとは限りません。たまたま最初の国際会議が英語であったため、「皆が英語で話している時に自分だけ自国語を使うと、通じないから自分も英語を使う。そのために英語を学ぶ」として、皆が英語を学んで使うようになったとすれば、英語が優れた言語であることを意味しませんから。

これと同じことだとすれば、教養科目が不要な科目だというわけではなく、たまたま昔の採用担当者が教養科目を重視しなかったことが今まで影響を及ぼしているだけかもしれませんね。

第7章

経済学は本当に役に立たないか

経済学者は経済をわかっていない!?

本章では、筆者が大学で教えていた「経済学」が企業人にとって役に立つか否かを述べていきます。

経済学の主流派は、「人々はすべての情報を持っており、いかなる場合も最適な意思決定をする」という前提のもと、理論を組み立てています。なぜなら、経済は複雑すぎて、この前提を置かないと話が進まないからです。たとえば「消費者は衝動買いをすることがある」という前提を置くと、「どのような場合にどのような衝動買いをするのか」といったことを1つずつ決めなければなりません。

したがって、経済学理論は「人間は衝動買いをしない前提で考える」ことになっているわけですが、それならば、経済学者に「あなたは衝動買いをしたことがないのですか?」と聞いてみたいですね。つまり、経済学理論を使って経済を理解しようとすることはまったく無謀なことなのです。

高校生の時、「ニュートンの法則」を学びました。簡単に言えば「引力と空気抵抗がなければ投げたボールはまっすぐ飛んでいく」というものです。筆者は「これを学んでも、野球は上手にならないなあ」と思いましたが、教師に「これは初級物理学で、中級物理学では引力と空気抵抗があった場合の話をするから」と言われて納得しました。

すでに物理学者は中級物理学を超えて上級物理学の研究をしているでしょうが、少なくとも月に行くくらいの応用はできているわけです。これは、物理現象が単純、明快だからです。

それと比べると、経済ははるかに複雑です。「完全な情報を得ることは難しい」「取引コストが存在する」「人間はまちがえる」「人間の心理が経済活動に影響する」などが経済を複雑にしているのです。いずれも、物理学が気にする必要のないものばかりです。物理学者が羨《うらや》ましいです（笑）。

複雑であることの証明

それでは、経済学を複雑にしている前述の各要因について、それぞれ見ていきましょう。まず「**完全な情報を得ることは難しい**」について。たとえば「100円で売れば90個、90円で売れば100個売れる」ことがあらかじめわかったうえで値段を決めるのが、経済学の想定する売り手の行動です。

その商品が日本で一番安い店を調べなくてもすべての消費者が知っており、一番安い店で買う、というのが経済学の想定する買い手の行動なのですが、そんなことは実際にはわかりません。インターネットの普及により、安い店を探す苦労は以前よりは減りましたが、それでも日々の買物のなかで、常にもっとも安く購入できているかと言えば、難しいでしょう。

次に「**取引コストが存在する**」について。日本で一番安い店が遠くにあったとして、交通費などコストをかけずに買物に行ける、ことを経済学は想定しているわけですが、実際にはそうではありません。確かに、最近は通信販売が増え、取引コストが減っていますが、それでもゼロにはなりません。通販業者の謳《うた》う「送料無料」は「送料は買物の値段に含まれています」との意味ですから。

経済学における概念に「一物一価《いちぶついっか》の法則」があります。これは同じ物の値段はどこでも同じであるということを表し、「他の店より高い値段で売っている店があっても誰も買わないから、その店は値下げをせざるを得ないはずだ。だから世界中のどこの店でもリンゴやミカンの値段は同じになる」というわけです。そのようなことは現実にはあり得ません。

筆者自身の経験ですが、銀行員時代に景気予想の仕事をしていた頃、著名な経済学者と雑談する機会がありました。筆者が「円高で倒産が増えて失業者が増えて大変ですね」と申し上げたところ、「大丈夫だよ。輸出企業が倒産したら、従業員は輸出企業以外の企業に勤めればよいのだから、心配は要《い》らない」と言われました。しかし、失業者が急速に増加している時、新たに失業した人が簡単に仕事を見つけることは大変困難です。

精緻《せいち》な経済学理論としては、「失業した人はいつまでも無収入であるよりも、安い賃金でも働けるところで働くはずだ。失業者は時間と共に減っていく」ということになるのでしょうが、それは現実離れした考え方です。この例からも、「経済学者は経済がわかっていない」ことがわかります。

それでは、「**人間はまちがえる**」はどうでしょうか。これは、1990年代以降に注目されるようになった、比較的新しい「行動経済学」が扱っています。

人間の目も錯覚するように、脳も錯覚する。わかりやすく言えば「人間は購入前より購入後のほうが物に執着するから、断捨離《だんしゃり》が難しい」「人間は非常に小さな確率を実際より大きく感じるから、飛行機が怖かったり宝くじを買いたくなったりする」ということです。

しかし、こうした錯覚が経済活動に影響を与えているとすれば、「人々が合理的に行動するという前提で考えよう」という経済学の基本が崩れてしまいます。

「人間の心理が経済活動に影響する」も重要です。これは、前述の衝動買いだけではありません。その典型がバブル経済です。人々が「株や土地はまだまだ上がる」と考えて買い続けたために高くなりすぎて暴落。その結果、借金で土地を買った人が破産したり、破産者が増えて銀行が倒産したりして、経済が悪化するわけです。逆に、人々が将来を不安に感じれば、収入を貯蓄に回すために消費が増えず、景気が悪くなります。つまり、人間の心理が経済を動かす重要な要因となっているのです。

いかがでしょうか。このように経済学は現在、物理学の「ニュートンの法則」をすこし超えた程度の段階なのです。まだまだ発展途上であり、あまりに〝信奉〟しすぎると危険です。筆者としては、経済学が心理学との共同研究を続けることで、１００年も経てば経済学が「使える学問」になると期待しています。

経済学者は景気予想ができない

もちろん、現在の経済学もまったく役に立たないわけではなく、役に立つ部分もけっして少なくありません。ただ、「経済学を学べば経済のことが全部わかる」という過信気味の人には気をつけましょう。

筆者は銀行員時代、景気予想の仕事（エコノミスト）に比較的長く従事していましたから、今でも自分をエコノミストだと思っています。そして「経済は経済学の理論通りには動かないから、景気を予想するには長年の経験と勘が最重要」と考えています。

これに対して、経済学者からは「それでは〝勘ピューター〟だ」と批判されるわけですが、こちらも「理路整然とまちがえる人々よりは勘ピューターのほうがマシです」と反論します。このように、経済学者とエコノミストは仲が悪いことが多いです。

経済学が役に立たない理由のもう1つは、研究者たちが「書きたいテーマ」で論文を書くのではなく、「論文が書けそうなテーマ」で論文を書くことにあるのかもしれません。具体的には、データが入手できそうなテーマ、既存の理論モデルを拡張して書けそうなテーマです。

経済学者のなかにも、役に立つことを研究したいと思っている人はいるでしょうが、役に立つことを研究して論文が書けないリスクよりも、論文が書けそうなテーマを選ぶインセンティブがあるのでしょう。

経済学を学ぶ理由①

ここまで、経済学が役に立たないと力説してきました。しかし筆者は大学で経済学を教えていましたし、経済学の教科書も執筆しています。それは、経済学にも「役に立つ」ことがあるからです。

経済学を学ぶことは「物事を論理的に考える頭の体操」として役に立つのです。経済学は精緻な理論で組み立てられています。まあ、理論を精緻にするために無理な前提を置いているのですから、精緻であるのは当然ですが。この精緻な理論を理解するためには、物事を論理的に考える必要があります。つまり、経済学を学ぶことは論理的思考力を養う訓練になるのです。

残念なのは、経済学が難解であることから、経済学理論を理解する努力を怠《おこた》り、単位を取得するために結論だけを丸暗記する学生が多いことです。教科書も、その前提で覚えるべき事柄を列挙してあるものが少なくないですし、教育者のなかには「わからなければ試験まで暗記してきなさい」とでも言いたげなプリントを配っている人がいるようです。

高校時代、数学が苦手な人は公式のみならず、例題と解答を丸暗記して定期試験に臨《のぞ》んだ経験があると思います。しかし、それでは頭の体操にはなりません。

数学の公式は本来、試験のために覚えるものではなく、公式ができるまでの過程を理解したうえで、「公式を忘れても問題は解けるが、その作業が面倒なので公式を覚えておくと便利だ」から覚えておくものです。数学を学ぶことが頭の体操になるのです。経済学も同様です。繰り返すようですが、論理的思考力を養うために経済学を学ぶのです。

筆者は大学時代、法学部で法律を学んでいました。経済とはすこし事情が違いますが、それでも学び方によっては法律も頭の体操になります。

今でも記憶しているのは、「法学入門」の最初の講義です。それは「コンパの時に学生たちが教授の盃《さかずき》に毒を入れ、教授が死んだ。学生たちは他の学生と相談することなく、各自が致死量の毒を入れた。学生たちが裁判で『自分が毒を入れなくても教授は死んでいたのだから、自分は殺人罪ではない』と主張したら、どうなるか」というものでした。

なかなか面白い題材ですね。みなさんも考えてみてください。この問題の「正解」を暗記しても何の意味もありません。それよりも、この問題について考えることが重要です。論理的に考える良い訓練になるからです。

法学部で学ぶのは条文と判例ですから、「自分が裁判官だったら、どのような判決を出すべきだろう」と考えることで、いくらでも頭の体操ができるわけです。

「殺人罪の量刑は何を考えて決めるべきか」という題材もありました。悪者を罰する観点、被害者感情（被害者本人および遺族など）、犯罪抑止力などの論点があるわけですが、そもそもなぜ殺人罪は罰せられなければならないのか、という本質を考えないと自分なりの意見が言えないわけです。

もっとも、残念なことに、筆者自身を含めて法学部の学生の多くは条文と判例と学説を暗記することに主に時間を取られてしまい、頭の体操が十分にできている学生は少なかったようです。自らの反省を含め、暗記よりも思考力が重要なのです。

経済学を学ぶ理由②

経済学を学ぶ理由はもう1つあります。経済学者の言っていることを理解し、その問題点を指摘できるようになることです。

経済学者が経済政策を論じているのを聞いて、「難しくて理解できないけれど、有名な学者の考えた経済政策だから、すばらしいものなのだろう」と考えるのは危険です。

経済学者がどういう思考経路でその結論に至ったのかを理解したうえで、その政策が正しいのか否かを判断できるようになれば、批判すべき政策と推進すべき政策の区別ができるようになるはずです。

東大の入試問題の衝撃

数学の公式を丸暗記するだけでは意味がないことを受験生と教師に思い知らせたのが、ある年の東大の入試問題でした。「三角関数の公式を証明せよ」と出題したのです。おそらく正解率は低かったのでしょう。文科省も反省したのか、翌年から数学の教科書に三角関数の公式の証明が載るようになりました。

経済学でも「アダム・スミスの理論『神の見えざる手』が正しいか否かを論ぜよ」などの出題をしたら、けっこうな珍解答が続出するかもしれません。筆者はこれについて講義でしっかり教えていますから、筆者の学生は大丈夫でしょう。きちんと講義を聴いていたら、の前提ですが(笑)。なお、この問題および講義は「付録4」に収録しています。

第8章

塚崎教授の〝異色な〟活動

「研究」をしなかった理由

筆者は大学に17年間勤務しましたが、その間に受け取った給与に見合うだけの「貢献」をできたと勝手に自負しています。この「貢献」には、学生（保護者）への貢献と社会貢献の両方があります。というのも、大学教員の給与の原資は、学生の保護者などが支払う授業料のみならず、政府からの補助金もあり、大学は社会貢献も求められているからです。

それでは、筆者の学内における諸活動を具体的に述べていきましょう。大学教授の仕事は「研究」「教育」「学内行政」ですが、多くの大学教員がもっとも力を入れるのは「研究」です。研究して論文を書くことが大学への貢献として評価され、研究者仲間での評価も上がります。何よりも、自分の知的好奇心を満足させることができます。

しかし筆者は、これをほとんど行なっていません。異色の大学教授でした。もっとも、今や大学にも多様性が求められる時代ですし、大学教授に求められる使命も多岐にわたります。その意味では、「問題児」ではなかったと思います。准教授から教授になる時には多少、研究の〝真似事〟を行ないましたが、教授になってからは他の方法で大学に貢献すると決めました。

理由の１つは、世の中の役に立つことがしたかったからです。研究を究《きわ》めることで経済学のレベルが上がれば、それが社会への貢献になるかもしれませんが、もっと直接的に世の中の役に立ちたかったのです。

もう１つは、得意な人が得意な分野で世の中に貢献すべき、という分業的発想です。大学院を出てからずっと研究を続けてきた人と、50歳近くになってからはじめて研究をする筆者ではあまりに差が大きく、大きな成果は期待できそうにありません。

さらに言えば、年齢を重ねていくなかで体力および集中力が衰え、「汗で論文を書く」ことが難しくなっていきます。いっぽう、経済予測などの分野では、これまで蓄積してきたノウハウや知見を活かして世の中に貢献することができるかもしれない。そうであれば、一度きりの人生なのだから有益に使おうと考えたわけです。

おかげさまでメディアにも出させていただきましたし、本も執筆することができ、私なりの社会貢献はできたと考えています。その内容は後述します。

異色の「教育」活動

筆者が力を入れたのは、「教育」です。これは、学生たちが社会に出て「役に立つ」ことを念頭に置きました。知識を教えることではなく、考える訓練をするよう心がけたのです。

筆者は担当した講義は「経済学」などですが、経済学の内容を教えるよりは、経済学のテキストはあくまで材料として使い、物事を論理的に考える訓練をさせました。

たとえば「あなたが企業経営者なら、日銀が金融を緩和して金利が下がったら何をしますか?」「設備投資です」「それなら設備機械メーカーが増産し、人を雇うでしょう。そうなるとどうなりますか?」「失業者が減ります」「失業者が減ると景気はどうなりますか?」「良くなります」というように、学生に考えさせるのです。

経済学では数学が必須と言われますが、筆者は小学校で習う算数は使っても、微分積分はもちろん、中学校以降で習う数学はいっさい使いませんでした。数学が苦手な学生が多いこともありますが、機械的に数式に当てはめるより、自分の頭で考えるほうが重要だからです。

また、時に正確性を犠牲にしてわかりやすさを優先しました。たとえば「株式会社では、社長は銀行ではなく株主が選ぶ。それは、社長が金儲けが上手か否かに関心があるのは、銀行ではなく株主だからです」などです。実際には、株主総会で選ばれるのは取締役なわけですから、「塚崎は嘘を教えた」と批判されても仕方ありませんが、そのリスクは覚悟のうえです。

同様に、教科書には「金融政策には公定歩合操作、預金準備率操作、公開市場操作がある」などと書いてありますが、実際には公開市場操作が圧倒的に重要であり、それだけを教えました。これについては、日銀でさえ「公開市場操作などの手段を用いて」としていますから、問題はないと思うのですが、大学には「教科書に書いてある通りに教えるべきだ」と考える人が多いため、筆者の講義は異色と言えます。

論理的に考える訓練以外に、筆者が留意したのが、学生にノートを取る習慣をつけさせることです。

筆者が大学で教え始めた時、学生から上がった不満は「先生はプリントも配らないし黒板にも書かないからノートが取れない」というものでした。学生たちは、高校時代のように教師が黒板に書いたことをノートに書き写すことを勉強だと思っていたわけです。

それに対して、筆者は「君たちが企業人になって顧客を訪問したとしよう。その際、顧客に商談内容を黒板に書いてもらいますか？　そうはしないでしょう。ならば、君たちが顧客の言ったことをメモしなければなりません。今から、他人の発言の要点をメモする練習をしておきなさい」などと説明しました。学生たちが社会に出て役に立つ訓練をしたわけです。

メモするだけでは、あとから話の筋が思い出せない場合もありますから、メモから全体像を構築する作業も必要です。そのため、「帰宅してからノートを整理して、講義を受けていない人が見ても講義の内容がわかるようなノートに仕上げて提出すること」を課しました。

経済学という科目の内容ではなく、経済学のテキストを材料として使って学生にメモを取る練習をさせたわけです。つまり、筆者の担当科目は何でもよかったのです。まあ、筆者が内容を理解できない「宇宙物理学」のような科目では困りますが（笑）。

講義では時々、のちのちの人生の役に立つような「演説」をしました。これも異色です。内容は「大学生は大人であり、自由もあるが責任もある」「世の中にはおいしい話などないから、詐欺などに注意」「就職後に辞めたくなったら、辞表提出前に転職先を探せ」などです（その一部は「付録３」に載せています）。

筆者は、高校までは記憶により知識を増やすことが重要であり、大学では論理的思考力を高めることが重要である、と考えています。いっぽう、大学で使われている教科書などを見ても、かなりの知識量を求める「暗記科目」が多いようです。たとえ教授や教科書執筆者が暗記科目だと認識していなくても、学生の側は「期末試験に通るためには大量の知識を記憶する必要がある」と感じています。

そこで、筆者は期末試験を実施しないことにしました。講義のなかで筆者自身が物事を論理的に考えた筋道を示し、それをメモさせてノートに整理させ、そのノートを提出させるのです。学生は「知識習得のための暗記」をする必要がありませんから、筆者の示した論理展開を講義を聴きながら理解、あるいは復習しながら自分なりに考えて、理路整然としたノートを作成するようになることを目指しました。

もちろん、それができる学生とできない学生に分かれますが、少なくとも学生の努力がその方向に向くことが筆者の目的であり、その目的は達成されたと考えています。

「学内行政」の合理化

「学内行政」に関して大学に貢献できたとすれば、業務の合理化を推進したことです。筆者は銀行員時代、一般事務が得意なほうではありませんでした。ところが大学に移った途端、自分が周囲と比べて一般事務が得意なことに気づきました。

最初の頃は〝新参者〟ですから、あまり口出しをしなかったのですが、すこしずつ口を出すようになりました。利己的なことを言えば、これはやめておくべきだったかもしれません。これから大学教員を目指す人には忠告しておきたいのですが、「彼は一般事務が得意だから、多くの事務を担当してもらおう」となりかねませんので。

銀行では「優秀だ」と思われると仕事が増えましたが、それに伴って「出世するのではないか」という楽しみがありました。しかし大学では、仕事が増えるだけで出世には結びつきません。それでも、つい事務処理の改善案が口を衝《つ》いて出てしまったのは、大学がよほど非効率的なのか、筆者がお人好しなのか……まあ両方でしょうね。

筆者が取り組んだ1つは、会議のメール化です。筆者は就職委員長として就職委員会を開催するのですが、あらかじめメールで議論をして結論を出しておき、議事録作成のためだけに集まって5分間の会議を開くようにしました。開催は、全体教授会が開催される直前の5分間です。なお、筆者としては単なる合理化としての会議のメール化ですが、コロナ禍になってからは他の会議でも真似されるようになり、一気に広まりました。

もう1つは、就職委員長として学生の就職の世話（というより尻叩き）をしました。学生たちにとって就職の成否は今後の人生にとって重要であり、そのために微力を尽くしたいと考えたのです。

しかし学生たちには、なかなか就職活動の重要性を理解してもらえず、就職活動がうまくいかないケースが少なくありませんでした。頭ではわかっていても実感が湧かない、あるいは目先の楽しみをつい優先してしまうようです。

それを繰り返し、繰り返し「就職は、生涯に大きなウエイトを占めるんだよ。たとえば生涯賃金だって大きく変わってくるんだ」などと説くことで、彼らの興味と時間をすこしでも就活に振り向かせようと努力しました。卒業後に筆者のもとを訪ねてくる学生から、感謝の言を述べられると、徒労ではなかったようです。

学外で行なった「社会貢献」

大学には「社会貢献」も求められています。広い意味で言えば、研究成果も公共財ですから研究も社会貢献と言えるでしょうが、筆者が注力した社会貢献は一般向けの情報提供です。

筆者は銀行では調査部に所属していたことから、経済予測などについてはある程度のノウハウや経験があります。そこで、経済の先行きに対する見方などをメディアに寄稿したり、本を執筆したりしました。経済予測は結論だけを示したのではあまり意味がないので、「そもそも経済はどのように動いているのか」というメカニズムを平易に解説することに努めました。

また、老後資金対策講座などの発信にも心がけました。具体的には、老後資金を全額、預金で持っていると、インフレで目減りするリスクがあるため、インフレに強い資産（株式や投資信託など）も持ちましょうなどと発言しています。これはファイナンシャル・プランナー（ＦＰ）の職務に近いため、筆者自身も「アフィリエイテッド・ファイナンシャル・プランナー（ＡＦＰ）」の資格を取得しました。ＦＰとしての業務を行なったわけではありませんし、今後もその予定はありませんが、知識と信頼性を担保するためです。

こうした社会貢献自体が大学人としての仕事であるのみならず、一般人向けの情報提供の際に久留米大学教授の肩書きを用いることで、多少なりとも久留米大学の知名度ＵＰや受験生の増加に貢献できたのであれば、それは大学の経営に対する貢献であり、まさに給与に見合った仕事ができたと言えるのではないでしょうか。

久留米大学に限らず、多くの大学には地域と大学を結ぶことを目的とした「地域連携センター」が作られています。同センターの依頼で、筆者は西日本新聞発行のマネー情報誌や筑後信用金庫発行の情報誌に定期的に寄稿したり、地域住民を対象とした「公開講座」の講師を務めたりしました。これらは地域への貢献として大学の文科省向けのアピールになるということで、大学からも評価されました。

クレームへの対処

筆者が各紙誌で発言すると、大学にクレームをつけてくる方がいます。たとえば、学長あてに「お前のところの塚崎教授はこのようなことを言っている。不愉快だ」などのメールが来ます。

筆者の発言はあくまで筆者個人の見解であり、大学の見解ではありません。ましてや、学長の承認を得て発言したものではありません。しかし一般的に、企業人がマスコミを通してなされた発言は、「会社の承認を得た」「社を代表して話した」と思われても仕方がないわけで、このようなクレームをつけてくることも理解できないわけではありません。これも、大学と世間の違いの1つですから。

そこで、大学や学長に迷惑がかからないよう、「本稿は筆者の個人的な見解です」という一文を文末に入れたり、著者の肩書きを「経済評論家」にしたりしました。なお、筆者はすでに定年退職していますから、大学にクレームが来ることはないと信じて拙著を書いています。

付録

付録1
新人教員へのアドバイス

付録2
講義で工夫したこと

付録3
講義初回の演説「自己責任論」

付録4
経済学講義「『神の見えざる手』は正しいか」

付録1　新人教員へのアドバイス

シラバス

大学教員になって最初の試練は、着任前の右も左もわからない時期にシラバスを書かされることです。シラバスとは、学生が講義を選択する材料として、学期が始まる前に講義の内容や評価基準などを開示するものです。1学期15回の講義で何をどのように、どの順番で教えるかを決めるわけですから、けっこう大変です。

しかし、心配は要りません。シラバスから受けるイメージと、実際の講義が大きく違っていれば問題ですが、「誤差の範囲」は相当広いと考えてください。ただし、採点基準は「レポートと書いてあったのに試験をされた」といった不満が学生から出ないように注意する必要があります。

講義

次なる不安は、4月にいきなり講義をさせられることでしょう。自分が大学時代に受けた講義を思い出しながら、何をどのように教えるかを思案して準備をして臨むと思いますが、それでも不安ですよね。他の教員の講義を見学させてもらえればいいのですが、大学の教員は自分の講義を同僚に見られることを嫌う傾向にあります。ダメもとで学部長あたりに相談してもいいかもしれません。

この背景には、大学教員の特徴があります。大学教員は一国一城の主だという意識の強い人が多く、自分の城について他人から口出しされることを極度に嫌います。学内には相互に干渉しないという暗黙の了解があると考えてください。

権利の侵害はさらに問題です。たとえば「ゼミ生を連れて日銀の見学に行きたい」場合、ゼミの時間だけでは往復できない時は、ゼミ生に次の講義を欠席させる必要が出てきます。この場合、次の講義を担当している教授たちにきちんと仁義を切る必要がありま す。次の時間の講義を担当していない教授からも「学生が講義を受ける権利を侵害するのはいかがなものか」というクレームが来るかもしれません。そのあたりは、学部の雰囲気を見ながら適宜、判断するしかありません。

講義に対する不安はまだまだあります。たとえば――大教室で話すことは緊張しないか。90分間も話せるだろうか。講義のスライドを作ったが、うまく映せるだろうか。もうすこし詳しくしたほうがよかっただろうか。教員だから学生の前で堂々としていないとマズいだろうな。学生が寝ていたり、露骨に退屈そうな顔をしたりした時はどう対応しようか。難しい、あるいは不得意分野の質問を受けて答えられなかったらどうしよう。そもそも学生がほとんど来ないかもしれない――などなど。

しかし、大丈夫です。こちらには伝家の宝刀「単位認定権」がありますから、力関係は圧倒的に教員が上です。授業が多少下手でも、学生が寝ていても、気にする必要はありません。もちろん反省は必要ですし、次回以降は改善することが望ましいですが、初回の講義がうまくいかなくても、特に困ったことは起こりません。

もし学生が講義に出席するか否かが心配であれば、出席点のウエイトを高くすればよいのです。なお、文科省は「出席点」という用語を嫌うため、シラバスでは「講義に対する取組姿勢」という用語を使います。

もっとも、講義を聴くためではなく出席点を稼ぐために講義に出席する学生が増えると、私語が増えたり居眠りが増えたりして講義の邪魔になる場合も多いので、無理に出席してもらう必要はありません。「出席しない学生が単位を落とすのは自己責任だ」と割り切ることも選択肢でしょう。

筆者がもっとも強くアドバイスしておきたいのは、学生の理解度を早期に把握することです。1学期15回の講義を終えて期末試験を実施して、それが白紙答案ばかりだったら大変悲しいですし、学生にとっても悲劇です。

ですから、最初の数回は理解度アンケートを実施するとよいでしょう。「今日の講義はわかりやすかったですか?」「今日の講義で一番大切だと思った内容を1つだけ書いてください」といったものを、講義の最後に回収するのです。その回答にショックを受けるかもしれませんが、めげずに講義内容を平易なものに変更すれば、期末試験の白紙答案が激減するでしょう。ゼミを担当している場合は、ゼミ生に講義の理解度を聞いてみてもいいかもしれません。

とにかく、初年度については「講義が平易すぎて学生が退屈している」ほうが「講義が難解すぎて学生が理解できない」よりはるかにマシだということをしっかり認識してください。

期末試験に記述式の問題を出す時は、数行以内で答えさせるとよいでしょう。長い文章を書かせると、学生が理解しているのか、理解せずにキーワードをちりばめてあるのかを判別するのが容易ではありません。

講義の内容は理解していても、論旨が一貫した長い文章を書く能力が乏しい、という学生も多いので、彼らを正当に評価するには、大事なことだけを数行で書かせるとよいと思います。

人間関係

講義の次は、人間関係です。研究室は個室ですし、教員相互の会話は少ないですから、学内および学部内の状況を理解するまで、苦労します。

たとえ大学の規模は大きくても、学部の教員は数十人とすると、自分にもっとも関係の深い世界は言わば中小企業であり、人間関係が重要になってきます。誰がどういう人で、誰と仲が良くて、誰と仲が悪いのか、ということを理解するのは容易ではありません。思いきって、どなたかに聞いてみてもいいですが、念のため、別の人にもセカンドオピニオンを聞いておきましょう。そうでないと、知らない間に派閥争いに巻き込まれていたといったことにもなりかねません。

教員間のコミュニケーションも難儀です。研究室が個室であるのみならず、専門分野は人それぞれですから、共通の話題が見つけにくいのです。趣味の話で盛り上がれる相手が見つかればよいでしょうが、最初は友人を作るのも一苦労です。

企業では新入社員研修があったり、新入社員の指導係が用意されたりしますし、そうでなくても上司や先輩にわからないことを聞く機会は少なくありませんが、大学では「新入社員」の扱いをしてくれないところが多いようです。

ということは、どの会議がどれくらい重要で、どれくらい時間がかかり、どれくらい準備が必要なのかなどは1年経過して一通りの会議や行事に参加してみるまでわからないのです。ですから、これらを気軽に聞ける相手を早く見つけましょう。最初は学部長にでも聞くしかないかもしれません。

会議ではしばらく〝静か〟にしていましょう。状況がわからないのに不用意な発言をすると虎の尾を踏む可能性がありますし、「新入りのくせに生意気だ」と思われてもいけません。特に、企業出身の実務家教員には強調しておきたいです。

というのも、会議で鋭《するど》い発言をすると「学内行政面で有能だ」と思われます。学内行政とは学生委員、教務委員、就職委員などです。教員にとっては「雑用」ですが、企業人にとっては「本業」であり、圧倒的に得意なはずです。たとえ企業のなかで苦手だったとしても、です。しかし、そうなると仕事が増えるだけで給与は増えませんから、「能ある鷹は爪を隠す」を実践しましょう。

もっとも、大学や学部によっては「実務家教員はロクな研究をしないのだから、学内行政くらいするように」といった雰囲気のところもあるようです。そういうところでは、むしろ「企業人としての仕事をしていれば研究しなくても嫌みを言われない」と考えてもよいかもしれません。

付録2 講義で工夫したこと

変化する大学の使命

一昔前までは、アカデミックな学問を修得させることも大学の重要な使命の1つでした。しかし、今や大学全入時代を迎え、大学というものの位置づけは変化してきたはずです。にもかかわらず、多くの大学で教えられている事柄は、以前と大差がないように思われます。

「労働経済白書」(厚生労働省)は、大学進学率が1990年以降急速に上昇するいっぽう、教える内容が社会のニーズに合っていないと分析していますが、まさにその通りだと思います。

筆者の勤めていた大学は、現在の「普通の大学」ですので、かつての大学とは位置づけが異なっています。学生の多くは、アカデミックな学問を究めることを目指してはいません。そうした学生に何を教えることが、彼らの人生にとってもっとも役に立つか、ということを考えてみましょう。

論理的に考える訓練

教員にとって、講義の目的は担当科目の内容を学生に理解してもらうことです。そのために、いかに平易な講義を行なうかが重要です。しかし同様に、学生に論理的に考える訓練をすること、自分の考えをまとめて書いたり話したりする訓練をすること、人の話を聞いてメモを取る訓練をすることも重要です。

単なる知識の習得や資格の取得のためであれば、大学よりも専門学校のほうが役に立つでしょう。したがって、社会が大学教育（文系）に求めるものは、知識や資格よりも論理的思考能力の育成だと思います。これは、大学全入時代以前と変わりません。

そこで筆者は、講義では学生に論理的な思考を促すよう留意しています。たとえば「100円で買った宝くじの期待値は100円より低い」ことを教えるためには、宝くじ協会の発表している数字を教えるのではなく、「自分が宝くじ会社の社長になったと想像してみましょう。確率100万分の1で1億円当たる宝くじを100円で売ったらどうなるでしょうか。社員の給与も宝くじの印刷代金も払えずに倒産してしまうでしょう」と説明するわけです。

続けて「保険に関しても同様です。保険会社の社長になったつもりで考えれば、保険への加入が期待値的には（確率的には）損だということがわかりますね。でも、私も私の同僚たちも、保険に入っていますし、宝くじも時々買います。なぜでしょうか」と学生の思考を促すわけです。

他人に伝える訓練

自分の考えをまとめて書いたり話したりする訓練をすることは、大教室の講義では困難です。レポートを課したり記述式の期末試験を実施したりするのが精一杯でしょう。

したがって、これはゼミで主に行なうことになります。ゼミでは、とにかく自分なりの考えを発言させ、それに対して質問する、という繰り返しで、学生に論理的な話し方を修得させています。

題材は何でもかまいません。「最近ニュースを見て感じたこと」でもよいですし、「ドラえもん」と「ポケモン」を知らない外国人に対して、説明させるということでもかまいません。自分は知っているが相手は知らないことについて、過不足なく説明することは、慣れないとけっこう難しいものだからです。

私の大教室での講義を、ゼミ生に再現させる場合もあります。これは、学生の話す訓練になると同時に、彼らが講義をまじめに聴くインセンティブになり、私が学生の理解度をチェックする機会にもなるので、一石三鳥です。

ノートを取る技術

筆者の講義が学生に評判がきわめて悪いのは、黒板に書かずプリントも配らないことです。「ノートが取れない」と言うのです。しかし、これは改めるつもりはありません。学生にノートを取る訓練をさせるという目的があるからです。

初回の講義で、学生に次のように強調します。「みなさんを一流の企業人にしてあげたい。そのためには、顧客との会話をメモして帰り、それをまとめ直して上司に報告書を提出する訓練が必要です。『顧客が黒板に書いてくれなかったからメモが取れなかった』と上司に報告したら、すぐにクビになるでしょう」。

もちろん、話す速度は非常に遅くします。重要な点は2度も3度も繰り返すなど、1年生向けの講義では、スローモーション・ビデオを3回再生するイメージです。

そのうえで、学期末のレポート課題を「講義中にメモした内容をまとめ直したノート」とします。これにより、メモ書きしたキーワードを帰宅してから繋ぎ合わせて文章化する訓練もできるし、同時に講義内容の復習もできます。

ちなみに、レポートは手書き限定です。「美しい字である必要はないが、丁寧に字を書く訓練も重要です。就職の履歴書などは読んでいただくものですから、誠意が見られるような字の書き方を練習してください」との趣旨です。もう1つの理由としては、パソコンの刷り出しだと、他人のレポートの「複製」が容易にできてしまうため、これを防止する必要もあります。

代返、コピペは学生との知恵比べ

大教室の講義で頭を悩ますものの1つは、出席確認です。代わりに返事をする、いわゆる「代返」をどう防ぐか、出席カードを学籍番号順に並べる手間をいかに省くか、が問題になります。

そこで筆者は、初回の講義時に出席票（15個の押印欄を印刷した用紙）を配ることにしています。講義の最後に教室を回り、シャチハタで押印するのです。300人の教室でも、所要時間は5分以内です。これにより、「代返」が不可能になります。さらに、この出席票をレポートの表紙に使わせることにより、学籍番号順に並べ替える手間が1学期に1回だけになります。

ちなみに、遅刻をした学生に対しては、講義の聴講は認めますが、押印はしません。遅刻は他の学生に対して迷惑ですし、そもそも時間を守れないようではマトモな企業人にはなれませんから。

講義内容のノートを提出させる以外にも、通常のレポートを学生に課すことがありますが、その際には「コピペ（インターネット上の文章やデータをコピーしてペーストしたもの）」

の撃退が教授の大事な仕事です。

世はインターネット時代ですから、レポートを課すと「コピペ」が大量に提出されることになります。これを防ぐ手段として、筆者は必ずレポート課題を2問出します。

第1問は、講義を聴いた感想。第2問は、最近の金融政策などについて。「第1問と第2問の文体が大きく異なる場合は、採点しない」と付け加えることで、コピペを撲滅できます。第1問は、絶対にコピペはできませんから、少なくとも第2問に関連するインターネットの内容を学生なりの文章で書き直す必要が出てきます。そのためには、内容を理解することが必要となるわけです。

教室を静粛にする「魔法の言葉」

大教室の講義でもう1つ頭が痛いのが、教室を静粛にさせることです。1人が一言ずつ私語を交《か》わすと、とても講義ができないほど騒々しくなります。

そこで、私は魔法の呪文を唱えます。「私の講義ノートは、75分で読み終えます。みなさんが静かに聴いてくれれば、早く講義が終わります。みなさんが騒々しければ、静まるまでロスタイムが発生しますから、休み時間が短くなります。皆で協力して早く終わりましょう」と言うのです。

それでも私語をする学生がいた場合には、「みなさん、今、私語をした人がいます。彼らのせいで、みなさんの休み時間が短くなりました。彼らは300人の敵です。皆で睨《にら》みましょう」と言います。

最初の講義で魔法の呪文を唱えると、1年間にわたってまったく私語のない講義が行なえます。これに対しては、「学生は90分の講義に相当する授業料を支払っており、教員は90分の講義に相当する手当を支給されているのだから、しっかり90分講義を行なうべきだ」という批判があり得ます。

しかし、学生数が200人を超えると、そうした批判の妥当性は低下していきます。魔法の呪文を唱えないと、90分教壇に立っていても、ロスタイムを差し引いて実際に講義を行なえる時間は75分より短くなる場合が多いからです。

学生の理解度を高めるには

学生にわかりやすく教えようとすると、どうしても正確性が犠牲になります。このトレード・オフをどう考えればよいのでしょうか。

たとえば、「株主は共益権（いわゆる経営参加権）を有し、そこには株主総会における議決権が含まれます。株主総会は取締役を選任し、代表取締役は取締役会設置会社においては、取締役会の決議により選定されます」と教えるのが正確でしょうが、こうした知識が学生の人生において役に立つ可能性は高くありません。

それよりも、「株主は社長を決める選挙で投票できます。金儲けが上手な人が社長になるか否かは、銀行にとっては重要ではありませんが、株主にとって重要な関心事項だからです。詳しいことが知りたければテキストを見ること」と教えたほうが、学生の人生の役に立つと思います。法学部の学生であれば、会社法に関してある程度、正確な知識を教える必要があるでしょうが、商学部の学生であれば、その必要は低いと思います。

ただ、このやり方は、教員側に「先生はまちがえたことを教えた」と批判されるリスクがあります。筆者もリスクを感じながらすこしずつ踏み込んでいきましたが、幸いなことに、そうした批判を受けたことはありません。リスクを恐れて「学生の理解度よりも講義内容の正確性」を追求している大学教員は多いでしょうが、一度試みられてはいかがでしょうか。思っているほど批判は受けないと思います。

付録3

講義初回の演説「自己責任論」

筆者が最初の講義で、学生たちに自覚や自律を促すため、必ず話していたことがあります。重要なことだと思うので、ここに収録します。

サボる自由とやさしい先生

社会では、大学生は大人として扱われます。その意味するところは、自由があると同時に責任もある、ということです。

高校生は、授業をサボると叱られました。サボる自由がなかったのです。しかし、大学生には講義をサボる自由がありますから、講義をサボっても叱られません。ただし、講義をサボると単位が取れずに卒業できないかもしれません。君たちがそうなったとしても、誰も同情してくれないでしょう。「自己責任」ですから。

つまり、大学生は自分で自分を律する（我慢させる）必要があるのです。「講義をサボりたいけれど、出席しないと卒業できないから出席しよう」と自分で決めないといけないわけです。

これは、大変なことです。世の中にはダイエットや禁煙に失敗する人が大勢いますが、大学を卒業するのはこれらと似ています。「今、やりたいことを我慢すると将来の良い結果が得られるのだから、自分で自分を我慢させよう」ということだからです。

高校時代、授業をサボると叱る先生は「怖い先生」でしたが、大学では授業をサボると叱る先生は「叱ってくれるやさしい先生」なのです。まあ、普通の先生は叱ってくれずに「この学生は単位が欲しくないようだ」と思うだけでしょうが。

勉強だけではありません。たとえば就職活動もやらなくても叱ってくれる人はいないかもしれませんが、就職の内定がもらえないと卒業後の自分の人生が辛いものになる可能性が高いでしょう。でもそれは、自己責任ですから、誰も同情してくれません。

自分で自分を律するというのは大変なことですが、ぜひともがんばってください。夏休みの最終日に徹夜で宿題をした記憶がある人は、毎日コツコツと宿題をしていた人よりも、自分を律するのが苦手なのかもしれません。十分気をつけてください。

大学は、楽しいところです。でも、けっして遊園地ではありません。やるべきことはしっかりやったうえで十分に楽しんでください。「よく学び、よく遊べ」ですからね！

付録4　経済学講義「『神の見えざる手』は正しいか」

アダム・スミスの真意

筆者の講義の一部をご紹介しましょう。経済学の基礎原理を説明したものです。

経済学を作ったのは、アダム・スミス（1723〜1790年）です。彼の言葉でよく知られているのが、「神の見えざる手」です。これは、最近では「市場メカニズム」「価格メカニズム」などと呼ばれていますが、今でも経済学のもっとも重要な考え方となっています。わかりやすく言えば、「神様の手は見えないけれど、経済のことは神様にお任せしておけば良いようにしてくださるのだから、王様は経済のことに手出し・口出しをしないでください」ということです。

では、王様が手出し・口出しをするとどんな困ったことが起きるのか、考えてみます。

ある村にイモの市場があったとしましょう。イモの取引は買う人も売る人も1人1個のみ。そして、イモが300円なら買いたい人が3人、200円なら4人、100円なら5人いるとします。とても空腹な人が3人、すこし空腹な人が1人、あまり空腹ではない人が1人、というわけです。

いっぽう、農家は5人います。そのうち、市場の近くの3人の農家は「100円でもイモを売りたい」と考えています。市場からすこし離れている1人の農家は「100円だったら市場まで行くのが面倒だが、200円なら売りたい」と考えています。市場から遠い1人の農家は「300円なら売りたい」と考えています。結局、100円なら3人、200円なら4人、300円なら5人が売りたいと考えていることになります。

この市場でイモの値段が100円だったら、何が起きるでしょうか。売りたい人は3人、買いたい人は5人ですから、3組のペアができて、仲間はずれが2人出ます。仲間はずれになった人は、そのまま帰宅するのではなく、「101円で買うので、他の人に売らないで私に売ってください」と言うでしょう。

せっかく売り手を見つけた人は、イモを取られたくないので「私は102円で買いますから、私に売ってください」と言うでしょう。こうしてすこしずつ値段が上がっていき、200円になったところで止まります。

値段が200円ならば、売りたい人と買いたい人が4人ずつなので、4組のペアができて、仲間はずれがいないからです。つまり、神様に任せておくと、イモの値段は200円になるというわけです。

大事なことは、「ある値段で買いたい人と売りたい人が同じ人数だと仲間はずれがなく、その値段がその日の市場でのイモの値段になる」ことです。これを経済学用語で「価格は需要と供給が一致するところで決まる」と言います。「需要」とは買い注文の数、「供給」は売り注文の数、「価格」は値段のことです。

300円なら売りたい人と、100円なら買いたい人は取引相手が見つかりませんが、それは仕方ありませんね。

さて、心の優しい王様が村に来て、「貧乏人でもイモが食えるように、イモの値段を100円にしろ」と命令しました。すると、困ったことが2つ起こりました。

1つは、すこし遠くに住んでいる農家が「100円なら市場まで行くのが面倒だから、イモは豚のエサにしよう」と考えるようになったことです。これにより、人間の口に入るイモが減ることになりました。

もう1つは、空腹な人がイモを食べられなくなる可能性が出てくることです。100円で売りたい農家3人、100円で買いたい人が5人ですから、ペアが3組できて、仲間はずれが2人できます。この仲間はずれは、運で決まります。ということは、とても空腹で300円出してもイモを食べたい人がありつけない可能性が出てくるのです。王様が来る前は、空腹の人は全員がイモにありついていたのに、それができなくなってしまいました。

神様に任せておくと、このような困ったことが起きないばかりでなく、良いことがあります。

ある時、有名人が「私はイモでダイエットに成功した」と発言し、イモの人気が高まりました。具体的には、300円でも買いたいという人が3人から5人に増え、イモの値段が300円に値上がりしました。すると、遠くの農家もイモを豚のエサにせずに市場まで売りに来るようになり、イモを食べられる人が増えたのです。人気のある物は多く売られるので、大勢の人が食べられることはすばらしいことです。
イモの人気がさらに高まると、イモの値段がさらに値上がりし、コメを作っている農家が「イモを作ったほうが儲かりそうだから、来年はコメを作らずにイモを作ろう」と考えるかもしれません。これも「食べたい人が多いほど作る人が増える」ということですから、すばらしいことですね。

ガメツいことは良いこと!?

では、次に「ガメツいことは良いことだ」という話をしましょう。これは、私だけが言っているわけではありません。アダム・スミスがそう言っているのです。経済学者は、冷たい頭脳と温かい心の持ち主です。たとえば、被災者に寄付をするなど温かい心を持っていますが、市場メカニズムを考える際には、それを封印して、冷徹に計算するのです。具体的に見ていきましょう。
イモを食べたいと思った人がイモを食べることができたのは、農家の人が親切だったからでしょうか?

違います。農家の人がガメツいからです。「市場に売りに行けば儲かるぞ」と考えたから、イモを作ったわけです。もし農家がガメツくなければ、「イモを作って市場に売りに行けば儲かるだろうけど、面倒だからやめておこう」と考えたでしょう。そうなったら、空腹の人がイモにありつけずに悲しい思いをします。「農家のみなさんがガメツいおかげで、イモが食べられました。良かったです」ということになるわけです。

このように、経済学では「人々はガメツいものだ。そうだとすると何が起きるのか、考えてみよう」という話が多いのです。

分業は正しい

アダム・スミスは、もう1つ大事なことを述べています。それが、分業はすばらしい、という話です。

たとえば、あなたが料理を作るのが得意で、隣人が不得意だとしましょう。あなたが2人分の料理を作り、隣人が2人分の皿を洗えば、2人ともメリットを享受します。

隣人は苦手なことをしなくてすみますし、おいしい料理が食べられますから満足でしょう。あなたも、1人分と2人分の料理を作る手間はそれほど変わりませんから、隣人に皿を洗ってもらえれば助かるでしょう。

もしかしたら隣人は「1人分の皿なら手で洗うが、2人分洗うなら自動食器洗い機を買ったほうがいい」と考えるかもしれません。そうなれば、作業効率は大幅に高まります。

「自動食器洗い機を買うにはお金がかかるから無理」と思う人もいるでしょうが、皿を洗う時間が短縮できれば、その分だけアルバイトを増やせばよいのです。増えた分のバイト代で自動食器洗い機が買えるなら、それは分業にメリットがあったということになります。

なお、経済学は難解であるため、講義では厳密な説明より理解しやすさを優先しています。資格試験の受験等に際しては注意してください。

おわりに——少子化でも変わりにくい大学

少子化が止まりません。コロナ禍の影響で結婚や出産が減れば、20年後の大学は本格的な淘汰の時代を迎えます。資本主義的な発想で言えば、「競争に負けた大学が潰れ、教職員が失業するのは当然のことだ」になりますが、実際には文科省が補助金を増額して〝延命〟させることが予想されます。それでも延命できない大学は、他大学に吸収合併されるでしょう。大学が倒産して放り出される学生が出ては困るからです。

それによって、現在雇われている教職員が全員無事に定年退職を迎えることができれば、大学にすれば、とりあえず少子化を乗り切ったということになります。

そうだとすると、合理的な大学は、教員の新規採用を差し控えてダウンサイジングを図るはずです。なぜなら、学生の人口が減れば、一部の有名大学を除けば定員割れは避けられず、教職員の定員も減らさざるを得ません。そうなると欠員を補充せずに自然減に任せることが合理的だからです。

もっとも、大学というところはそれほど合理的なところではありません。2004年の制度創設以降、どう考えても多すぎる法科大学院が作られましたが、結局は多くが短期間で淘汰され、大学は大損しました。これは、文科省の調整能力の欠如だけでなく、大学が基本的に拡張志向を持っていることも原因です。ちなみに、博士課程を各大学が作ったために大量のポスドク等が発生してしまったことも問題です。

法科大学院乱立のようなことが起きるのは、大学に「経営者」がいないからです。大学は全員一致を旨とする教授会の自治で運営されているため、たとえ少数でも反対意見があれば、それを無視することは困難です。そのため、長期的な将来像を見据えた大胆な施策を取ることが難しいのです。

ということは、今後も教職員の欠員は補充され続け、学生が減っても教職員は減らず、赤字の大学が増え続け、文科省の補助金が増え続けるかもしれません。文科省としてはそのほうが口を出しやすく天下りもしやすいですから、悪いことではないかもしれません。しかし、納税者としては勘弁願いたいですね。

このように、一部の有名大学や危機感を覚えた大学を除けば、日本の大学は少子化の危機にあっても変わりにくい体質だと言えそうです。しかし、それは残念なことです。

大学の在り方については、第5章に記したような改革が行なわれることを望んでいるわけですが、それと同時に少子化に対する危機感からの改革も進むことを強く望みます。

筆者が学び、そして教えた、愛すべき組織である「大学」が、少子化の困難を乗り越えて今以上にすばらしいものとなるように願いつつ、筆を擱《お》くことにします。

切りとり線

★読者のみなさまにお願い

この本をお読みになって、どんな感想をお持ちでしょうか。祥伝社のホームページから書評をお送りいただけたら、ありがたく存じます。今後の企画の参考にさせていただきます。また、次ページの原稿用紙を切り取り、左記まで郵送していただいても結構です。

お寄せいただいた書評は、ご了解のうえ新聞・雑誌などを通じて紹介させていただくこともあります。採用の場合は、特製図書カードを差しあげます。

なお、ご記入いただいたお名前、ご住所、ご連絡先等は、書評紹介の事前了解、謝礼のお届け以外の目的で利用することはありません。また、それらの情報を6カ月を越えて保管することもありません。

〒101-8701（お手紙は郵便番号だけで届きます）
祥伝社　新書編集部
電話03（3265）2310
祥伝社ブックレビュー　www.shodensha.co.jp/bookreview

★本書の購買動機（媒体名、あるいは○をつけてください）

＿＿＿＿新聞の広告を見て	＿＿＿＿誌の広告を見て	＿＿＿＿の書評を見て	＿＿＿＿の Web を見て	書店で見かけて	知人のすすめで

★100字書評……大学の常識は、世間の非常識

名前

住所

年齢

職業

塚崎公義　つかさき・きみよし

経済評論家。1957年、東京都生まれ。東京大学法学部卒業後、日本興業銀行（現・みずほ銀行）入行。カリフォルニア大学ロサンゼルス校（UCLA）にてMBAを取得。主に経済調査関連の仕事に従事したのち、2005年に退職して久留米大学へ。商学部教授として教鞭を執り、2022年に定年退職。著書に『なぜ、バブルは繰り返されるか？』『退職金貧乏』（共に祥伝社新書）、『なんだ、そうなのか！経済入門』（日本経済新聞出版社）、『一番わかりやすい日本経済入門』（河出書房新社）などがある。

大学《だいがく》の常識《じょうしき》は、世間《せけん》の非常識《ひじょうしき》

塚崎公義《つかさききみよし》

2022年6月10日　初版第1刷発行

発行者……………………辻 浩明

発行所……………………祥伝社《しょうでんしゃ》

〒101-8701　東京都千代田区神田神保町3-3
電話　03(3265)2081(販売部)
電話　03(3265)2310(編集部)
電話　03(3265)3622(業務部)
ホームページ　www.shodensha.co.jp

装丁者……………………盛川和洋

印刷所……………………萩原印刷

製本所……………………ナショナル製本

Printed in Japan　ISBN978-4-396-11659-0　C0237

〈祥伝社新書〉
経済を知る

111
超訳『資本論』
貧困も、バブルも、恐慌も――マルクスは『資本論』の中に書いていた！
神奈川大学教授
的場昭弘

153
超訳『資本論』第2巻 拡大再生産のメカニズム
形を変え、回転しながら、利潤を生みながら、増え続ける資本の正体に迫る
的場昭弘

154
超訳『資本論』第3巻 完結編 「資本主義」は、なぜ人々を不幸にするのか？
利子、信用、証券、恐慌、地代……資本主義の魔術をマルクスはどう解いたか
的場昭弘

343
なぜ、バブルは繰《く》り返されるか？
バブル形成と崩壊のメカニズムを経済予測の専門家がわかりやすく解説
経済評論家
塚崎公義

390
退職金貧乏 定年後の「お金」の話
長生きとインフレに備える。すぐに始められる「運用マニュアル」つき！
塚崎公義

〈祥伝社新書〉
経済を知る

478
新富裕層の研究
日本経済を変える新たな仕組み

新富裕層はどのようにして生まれ、富《とみ》のルールはどう変わったのか

経済評論家
加谷珪一

498
総合商社
その「強さ」と、日本企業の「次」を探る

なぜ日本にだけ存在し、生き残ることができたのか。最強のビジネスモデルを解説

専修大学教授
田中隆之

625
カルトブランディング
顧客を熱狂させる技法

グローバル企業が取り入れる新しいブランディング手法を徹底解説

マーケティングコンサルタント
田中森士

636
世界を変える5つのテクノロジー
SDGs、ESGの最前線

2030年を生き抜く企業のサステナブル戦略を徹底解説

京都大学大学院特任准教授
山本康正

650
なぜ信用金庫は生き残るのか

激変する金融業界を徹底取材。生き残る企業のヒントがここに！

日刊工業新聞社千葉支局長
鳥羽田継之

〈祥伝社新書〉
歴史に学ぶ

366
はじめて読む人のローマ史1200年
建国から西ローマ帝国の滅亡まで、この1冊でわかる！
東京大学名誉教授 本村凌二

168
ドイツ参謀本部 その栄光と終焉
組織とリーダーを考える名著。「史上最強」の組織はいかにして作られ、消滅したか
上智大学名誉教授 渡部昇一

379
国家の盛衰 3000年の歴史に学ぶ
覇権国家の興隆と衰退から、国家が生き残るための教訓を導き出す
渡部昇一 本村凌二

527
壬申の乱と関ヶ原の戦い なぜ同じ場所で戦われたのか
「久しぶりに面白い歴史書を読んだ」磯田道史氏激賞
東京大学史料編纂所教授 本郷和人

565
乱と変の日本史
観応の擾乱、応仁の乱、本能寺の変……この国における「勝者の条件」を探る
本郷和人

〈祥伝社新書〉
歴史に学ぶ

545
日本史のミカタ
「こんな見方があったのか。まったく違う日本史に興奮した」林修氏推薦
国際日本文化研究センター所長 井上章一
本郷和人

588
世界史のミカタ
「国家の枠を超えて世界を見る力が身につく」佐藤優氏推奨
井上章一
小説家 佐藤賢一

630
歴史のミカタ
歴史はどのような時に動くのか、歴史は繰り返されるか……など本格対談
井上章一
国際日本文化研究センター教授 磯田道史

351
英国人記者が見た 連合国戦勝史観の虚妄
滞日50年のジャーナリストは、なぜ歴史観を変えたのか。画期的な戦後論の誕生
ジャーナリスト ヘンリー・S・ストークス

578
世界から戦争がなくならない本当の理由
なぜ「過ち」を繰り返すのか。池上流「戦争論」の決定版！
ジャーナリスト 名城大学教授 池上　彰

〈祥伝社新書〉
教育・受験